JN408878

책 읽는 가로등

문학공원 산문선 69

신현미 에세이서평집

책 읽는 가로등

당신이 주인공인 서평의 세계로 빠져보자!

서평은 독자 편에 서서 이야기해야 한다.
"이 책은 …한 책이다. 저자는 이 책을 통해 …를 이야기하려 한다.
등장인물은 …로 현시대의 문제점을 지적하고 있다.
독자는 책을 통해 …를 느끼게 될 것이다."
이렇게 책, 저자, 독자가 주인공이 되어야 한다.

문학공원

<들어가며>

서평 속으로

수년 전부터 서평 쓰기가 대세를 이루며 여러 서평대회까지 생겨나고 있다. 그런데, 서평에 익숙하지 않은 독후감 응모자가 많다 보니 혼란이 발생하기도 한다. 꽤 잘 쓴 감상문인데 순위에 들지 않거나, 서평 쓰기에 맞춰 쓴 거 같은데 역시 순위에 들지 않으면 불만과 의혹으로 주최측과 심사위원을 탓하기도 한다. 하지만 이점은 응모자가 감상문과 서평의 차이를 알고 서평에 좀 더 관심을 가지고 연습하다 보면 자연스럽게 해결될 문제다.

서평 쓰기가 처음인 이들이 가장 힘들어하는 부분은 그동안 독후감에 익숙하던 글쓰기 습관을 바꾸는 일이다. 도대체가 헷갈린단다. 신경 써서 어느 정도 객관적 평가문으로 잘 써 내려가다가도 어느새 제멋대로 주관적 감상문으로 되돌아가곤 하니 말이다. 이 부분이 어느 정도 익숙해지면 문법에 맞춰 세련되고 개성 있게 쓰기를 해야 하는데, 이때부터 광범위하고 난해한 글쓰기가 시작된다. 문법을 어느 정도 자유롭게 다룰 수 있어야만 글 좀 쓴다는 소리를 들을 수 있고, 자신만의 색깔을 가지고 독특하고 세련되게 써야 많은 글 중에서 눈에 띈다. 서평은 감상문과 달리 다른 이들을 설득시켜야 하는 작업이라 더 큰 노력이 필요하다.

독후감과 서평은 책을 읽고 난 후의 활동이라는 점에서 같은 부류처럼 보이지만, 쓰기 표현 방법에서 확연한 차이를 보인다. 독후감이 주관적 감상 글이라면, 서평은 객관적 평가 글이다. 그러니까 독후감은 내가 주인공이 되어 책을 읽고 느낀 점이나 생각을 쓰면 된다. "나는 이 책을 읽고 ……를 느꼈다(생각한다). 왜냐하면 ……이기 때문이다." 그러나 서평은 독자 편에 서서 이야기해야 한다. "이 책은 ……한 책이다. 저자는 이 책을 통해 ……를 이야기하려 한다. 등장인물은 ……로 현시대의 문제점을 지적하고 있다. 독자는 책을 통해 ……를 느끼게 될 것이다." 이렇게 책, 저자, 독자가 주인공이 되어야 한다.

책을 읽고 느낀 내면의 이야기를 풀어내어 기록해놓는 일이 목적인 독후감은 딱히 독자를 필요로 하지 않는다. 그러나 서평은 반드시 누군가에게 읽혀 서평자가 추천하는 책을 읽도록 유도해야 하는 목적과 사명이 있다. 그러니 독자가 흥미를 보이며 읽고 싶은 충동을 느끼도록 객관적이면서도 자신만의 색깔로 매력이 발산되는 글쓰기를 해야 한다. 독자를 겨냥한 글쓰기 영역이라 읽어주는 이가 없으면 잠자는 글이 되고 말기 때문이다.

그런데 객관적이면서도 개성 있는 글쓰기가 말이 쉽지, 글로 표현하려면 여간 어려운 일이 아니다. 내 생각과 느낌을 드러내지 않으면서 남들과 차별화된 글을 쓰려다 미궁으로 빠지기도 한다. 그러면 괜히 시작했나 후회도 된다. 그래도 독자의 반응을 기대하며 억지로라도 자꾸 쓰다 보면, 서서히 내 생각과 느낌을 작가나 등장인물을 통해 보편화, 객관화하여 쓰라는 말의 의미를 이해하게 되고 저절로 그렇게 쓰게 된다.

이제 나름의 연습이 끝나서 조심스럽게 첫 작품을 발표한다. 생각지 못한 '칭찬세례'를 받는다. 갑자기 재미있어진다. 그래서 조금 더 용기를 내어 과감하게 써본다. 이번엔 이곳저곳 '지적질'을 당한다. 마음이 상하여 울적한 기간을 보낸다. 그러다 더 많은 퇴고 과정을 거쳐 또 발표한다. 다시 박수를 받는다. 이런 과정을 반복하다 보면 어느새 내공이 쌓여 글쓰기가 생활화된다. 서평뿐 아니라 모든 글쓰기에서 살아남은(?) 분들의 체험담이다.

서두에서도 밝혔듯, 책을 읽고 글을 써서 누군가에게 어떤 영향력을 미칠 수 있는 서평 쓰기가 요즘 인기고 대세다. 자기가 아닌 타인 중심의 글쓰기를 통해 생각의 폭을 넓힌다는 장점이 자기 소리만 내는 것에 피곤과 염증을 느끼는 시대적 성향과 맞는다. 기업의 과대광고에 지친 소비자들이 같은 소비자 입장의 추천을 선호하는 흐름과도 같다. 그런데 그 추천이 주관적이고 감성적인 것이 아니라 객관적이고 이성적이어야 하는 것이다.

서평은 요약과 평가라는 두 가지 요소로 이루어진다. 그러다 보니 자칫 정형화되어 지루할 수 있다. 그래서 책 소개에 좀 더 치중하든 평가에 좀 더 치중하든, 시적이든 드라마틱하든 설명적이든 논설적이든, 또한 감성적인 부분이나 주관적인 부분이 일부분 들어가더라도, 큰 틀만 벗어나지 않으면 열린 마음으로 책과 독자가 행복한 만남을 이룰 수 있도록 최대한 자연스럽고 흥미롭게 쓰는 것이 좋다. 서평의 목적은 어디까지나 독자로 하여 책을 읽도록, 혹은 읽지 않도록 유도하는 것이니 말이다.

수년간, 책 읽기도 바쁘고 힘든 일상생활 중에 서평 쓰기에까지 도전해 오는 많은 이를 만났다. 그들은 한번 읽기도 힘든 책을 잠자는 시간까지 쪼개어 반복해서 읽고 메모하고 기록하며 쓰기까지 도전하더니 나날이 눈부시게 발전해갔다. 그리고 지경을 넓혀 여러 공모전에 당선되고, 관련된 일을 하며, 작가로 등단하여 활동하고 있다. 늦었다고 생각할 때가 가장 빠르다지 않는가. 도전하지 않으면 아무것도 이룰 수 없으니, 혹여 기회가 오면 이번엔 꼭 붙드시기를.

그간 써놓은 서평 고르기를 반복한 끝에 에세이 형식의 서평 45편과 영화평 9편만 골라 『책 읽는 가로등』에 싣고 보니 나름 흐뭇하다. 그간 함께 해온 혜윰서평단과 서평 강의를 통해 서평을 가까이 할 수 있게 인도해준 『안산중앙도서관』, 그리고 『안산문인협회』에 감사드린다. 또한 평론 등단으로 서평의 입지를 굳히고 영역을 넓힐 수 있도록 도움주신 『스토리문학』과 기꺼이 좋은 조건으로 책을 출간해주신 『문학공원』에도 깊이 감사드린다. 이 책이 독자들과 초보 서평가들께 조금이라도 도움이 되길 바란다.

<서문>

독서 시장 개척을 위한 교두보로서의 퓨전 평론

김 순 진(문학평론가 · 고려대 평생교육원 교수)

신현미 작가와의 인연은 대략 10여 년 전으로 거슬러 올라간다. 나는 본이 안산김씨(安山金氏)로 평소 안산에 대해 동경하는 마음이 있다. 그러다 내가 안산제일교회에서 시창작을 강의하게 됨과 동시에 ≪안산문학≫ 발행 및 안산문인협회에서 시행하는 각종 행사에 참여하면서부터 안산문인협회 회원들과 교류하게 되었는데, 그때 자주 뵈었었다. 그러다가 신현미 작가는 우리 출판사인 도서출판 문학공원에서 동화집 『햄스터 대소동』과 동시집 『이상한 엄마 구두』를 출판하면서 히트를 쳐 날개 돋친 듯 팔려나가며 도서출판 문학공원의 베스트작가의 반열에 오르는 기염을 토하게 된다.

그 이후 이를 발판으로 신현미 작가는 비교적 젊은 나이에 안산문인협회 회장을 역임하는 등 사회적으로도 그 능력을 인정받게 된다. 게다가 그는 아동문학뿐만 아니라, 필자가 지난 20여 년 동안 발간해온 종합문예지 ≪스토리문학≫에서 수필가와 문학평론가로도 등단해 다양한 분야의 글을 쓰는 유능한 작가로도 인정받는다.

에세이 서평이란 새로운 평론 분야가 독서 애호가들 사이에서 공공연하게 퍼진 지 오래다. 벌써 에세이평론이란 분야로 백일장을 열거나 불로그, 카카오스토리, 페이스북, 밴드, 라인 등의 SNS 매체에 올라오는 에세이 서평의 숫자가 엄청나게 늘어나고 있는 상태다.

그러나 에세이 서평이란 분야의 전문가를 양성하는 곳이나 등단을 추천해주는 곳, 그리고 등단 후에 어떻게 활동을 해야 하는지에 대한 방법론도 아직 정립되지 않은 상태에서 수요자들이 급격히 늘어나고 있는 요즘에 신현미 작가께서 이러한 에세이 서평집 『책 읽는 가로등』을 펴낸다고 하니 많은 사람들이 이 책을 롤모델로 삼아 이런 에세이서평집이 우후죽순처럼 여기저기서 출판될 것 같은 예감이다.

인간은 인생을 살아감에 있어 많은 것들을 스승으로 삼는다. 그중에는 자연을 스승으로 삼는 경우가 많다. 우리는 산과 강의 지혜를 배우기도 하고 바위의 기다림을 배우거나 척박한 땅에서 피어나는 선인장 꽃에서 슬기와 인내심을 배운다. 그러나 그것은 구체적인 배움이라기보다, 스스로 깨달아야 하는 지혜다. 그런데 반하여 책은 우리 인간 스스로가 롤모델로 삼을만한 것들을 정제하여 기술한 것으로 진정한 인간의 스승이라 할 수 있다.

책은 우리가 가장 가깝게 모실 수 있는 스승이다. 인성이 형성될 청소년기는 특히 어떤 책을 읽느냐에 따라 인생의 항로가 바뀌기도 한다. 그래서 칼막스와 레닌 사상을 탐독한 젊은이들이 공산주의자가 되기도 한다. 그만큼 책은 우리 인생에 있어 중요하다. 그런 중요한 책의 선택에 있어 신현미 작가가 이번에 발간하는 『책 읽는 가로등』을 읽는다면 보다 효과적으로 선택할 수 있을 것 같다.

아주 오래된 과거의 인간으로부터 현재 살아가고 있는 사람까지 모두 망라되어있는 책은 수많은 성공한 사람들을 한 자리에서 만날 수 있는 최선의 방법이다. 책은 멀리 선사시대의 사람들을 만날 수 있으며, 베토벤과 나폴레옹뿐만 아니라 어린 왕자와 돈키호테 같은 상상 속의 인물을 만날 수 있는 유일한 방법이다. 게다가 책은 가보지 못한 미지의 세계로 데려다준다. 지구 반대편 사람들의 삶을 보여주거나 북극 남극의 자연을 만나게 해준다. 그뿐만 아니라 조앤 롤링의 해리포터에서나 스티븐 스필버그의 네버앤딩스토리에나 가볼 수 있는 수천 년 전 밀림과 버려진 세상, 잊혀진 세상, 미래의 세상 등을 마음대로 넘나들 수 있게 한다. 그런 책들을 읽고 사람들은 작가들을 따라 새로운 상상력을 키워나가고 또다시 작가나 발명가를 키워낸다.

이 책은 크게 5부로 구성되어 있다. 그중에 제목의 뒤에 붙는 '가로등'이라는 말은 우리에게 많은 것을 시사한다. 즉 가로등이란 어두운 길을 밝힌다는 뜻으로 그것은 우리 마음의 어두운 곳을 밝히고자 하는 신현미 작가의 의도가 들어있는 말이라 할 수 있다. 4부를 살펴보면 1부는 '심상 가로등'으로 보다 심층적으로 시집을 읽는 방법을 통해 잔잔한

심상으로 들어가도록 안내한다. 2부는 '생각 가로등'으로 수필집 등을 읽은 내용 중에서 감동스러운 부분과 명언에 해당되는 부분들을 정리하고 있다. 3부는 '이야기 가로등'으로 소설 동화 등을 읽으면서 보고 느낀 것들을 신현미 작가 특유의 필체와 감성으로 정리하고 있다. 4부는 '동심 가로등'으로 동시집과 동화책을 읽으며 어린이의 마음과 어린이의 눈높이에서 세상을 바라보고 있기에, 점점 더 각박해져 가는 세상에서 어른들이 가져야 할 동심의 소중함에 대하여 피력한다고 할 수 있다. 5부 '영상 가로등'은 책이 원작이 된 영화들로 인간이 얼마만큼 마음에 충실하고 사랑하여야 하는가를 중점으로 살피고 인간 본연의 정체성에 관하여 고뇌한다.

책은 넘쳐나고 있지만 흥미 위주와 놀이 개념이 앞선 책들이 대부분을 차지하고 있을 뿐, 진정한 의미와 교훈, 생활의 지혜가 들어있는 책은 그리 많지 않다. 게다가 바쁜 세상을 살아가는 현대인들은 어떤 책을 골라 읽어야 할는지, 누가 이런 책은 이렇다 저런 책은 저렇다, 말해주었으면 좋겠다는 막연한 생각을 하게 된다. 그런 시점에 신현미 평론가의 에세이 서평집 『책 읽는 가로등』은 어둠 속에 빛나는 별처럼 반갑다. 그런 점에서 신현미 작가의 이 에세이 서평집 『책 읽는 가로등』은 전문용어와 체계화된 서술방식을 통한 기존 평론의 딱딱한 틀을 벗어나 독자들이 우왕좌왕하지 않고 편하게 책을 고를 수 있도록 가이드역할을 해줄 것으로 기대한다.

목차

1부. 심상 가로등

2부. 생각 가로등

3부. 이야기 가로등

4부. 동심 가로등

목차

5부. 영상 가로등

1부
심상 가로등

드뷔시를 듣고 꽃빛으로 노래하다

"그녀는 등의자에 앉아 드뷔시를 듣고 있었다. 반쯤은 귀를 잠재우고 생각은 먼바다 기슭의 모래알을 세고 있었다. 프랑시스 잠의 시구(時句)같이 그리움이 가슴을 적시는 어느 오후, 그녀의 귀는 연둣빛으로 물들고 있었다. 느릅나무 어린잎이 피어나면 한지(漢紙)에 수묵(水墨)이 번지듯 열브스름한 고요가 깔리고 있었다. 그녀의 귀는 반쯤은 음악이었다."

-「드뷔시를 듣다」 전문

시 속의 그녀는 아마도 프랑스 인상주의 작곡가 '드뷔시'의 간결하고 부드러우면서도 격정적인 다양함을 느낄 수 있는 '베르가마스크 모음곡(프렐류드, 미뉴에트, 달빛, 파스피에)'을 듣고 있었을 것이다. 등의자에 편히 앉아 반쯤은 잠재우고 반쯤은 음악이 되어버린 귀를 가진 그녀가 있는 곳은 아마도 고즈넉한 분위기의 예스러운 카페일 것이다. 아니면, 저 멀리 바다가 보이는 한적한 산속 오두막집일까?

이제 막 연둣빛 잎이 돋아나고 느릅나무 어린잎이 피어나는 어느 봄날, 주변에 아무도 없는 듯 열브스름한 고요가 한지에 수묵이 번지듯 깔리고 있는 이 시의 풍경은 무척이나 목가적이다. 마음을 평화롭게 해주는 전원적인 시, 그리움이 가슴을 적시게 하는 낭만적인 시, '프랑시스 잠의 시구'가 더욱 그쪽으로 마음을 기울게 한다. 시를 읽다가 전체 혹은 어느 구절에서 인상적으로 다가오는 이미지가 생기면 그때부터 독자는 자유롭게 상상하게 된다.

이 시처럼 오감 즉 시각, 청각, 후각, 미각, 촉각을 모두 충족시키는 시를 읽는 일은 하냥 즐겁다. 실제로 시 속의 그녀가 있는 곳이 빌라 옥상이면 어떻고 아파트 35층이면 어떻겠는가. 도심의 번화한 카페든 북적이는 사무공간이든 상관없다. 차를 마셔도 안 마셔도 괜찮다. 드뷔시의 음악에 푹 빠진 그녀의 '생각'은 이미 먼바다 기슭의 모래알을 세고 있으니. 심지어 그녀가 그로 바뀐다고 해도 이미 펼쳐진 상상의 나래에 방해되지 않는다.

시집 『드뷔시를 듣다』의 저자 오순택 시인은 아동문학가로 더 유명하다. 현재 한국문인협회 아동문학분과 회장, 계몽아동문학회 회장을 맡고 있다. 1966년 시로 등단한 이후 지금까지 네 권의 시집을 내고 20여 권의 동시집을 냈으니, 그의 삶은 줄곧 아동문학 쪽에 더 많이 기울어 있었음을 알 수 있다. 그래서일까? 맑고 순수한 시들이 읽는 이의 마음을 정화한다. 또 서정적이고 전원적인 소재와 풍경들이 아련한 그리움을 소환한다.

이 시집에는 '귀'를 소재로 한 시가 몇 편 더 있다. 현대의 증폭된 과한 소리에 쌓인 피로감을 아름다운 음악과 시, 자연의 연주와 노래로 청소하고, 쓸데없이 큰 소리에 묻혀 들리지 않았던 작지만 소중한 소리에 귀 기울이려는 노력과 그렇게 하자는 아우성으로 보인다.

"바람에 귀엽게 오므린 떡갈나무 유순한 귀를 보듯 담배씨만 한 떡갈나무 갸름한 귀를 보듯 세상을 보자. 검푸른 눈빛으로"

- 「떡갈나무 귀를 보듯」 전문

"여자의 얼굴엔 꽃잎이 기어 다니고 있다. 탁자 위엔 속살이 더 고운 수밀도가 놓이고 여자의 혀는 빨갛게 물든다. 사나이의 혓바닥엔 바람이 인다. 이윽고 여자의 귀는 연갈색 포구의 고요. 잠자는 꽃잎의 향내. 아까부터 찌끔씩 선미(船尾)가 보인다. 쭈뼛 귀를 세우는 방그란 돛."

- 「깨어있는 귀」 전문

바람이 불어도 귀엽고 유순함으로 의연하게 대처하는 떡갈나무 작은 귀와 맞선이라도 보는지 수밀도(살과 물이 많고 맛이 단 복숭아) 앞에 놓고 붉어진 남과 여의 집중하는 귀가 싱그럽다. 떡갈나무 조그마한 귀에서는 작은 것들을 통해 세상을 순하게 살아내는 지혜를 배우고, 쫑긋 귀 기울이는 여자의 민감한 귀에서는 살짝 야하긴 해도 사랑스러움이 느껴져 괜히 설렌다.

오순택 시인은 때로는 드뷔시의 음악을 듣고 프랑시스 잠의 시를 읽는다. 그리고 때로는 새들의 낭송회와 풀꽃의 전시회에 참석한다. 그렇게 살린 살아있는 오감을 불감증 현대인들에게 전해주려 50여 년 동안 시와 동시 쓰기를 고집해왔다. 그것이 남자든 여자든, 어른이든 아이이든, 부자든 가난한 사람이든 상관하지 않고 누구라도 들어서 좋은 목소리로 노래한다.

> "연둣빛 물이 든다. 나의 귀는 깨어나 향기로운 물푸레나무처럼 서 있다. 연한 목숨 곁에."
>
> -「귀」 전문

눈물 핑, 웃음 활짝 돌게 하는

"손꼽아 기다렸던 설 아침이었지요 / 어머니는 김이 모락모락 나는 하얀 쌀밥에 쇠뭇국을 / 놋그릇에 그득 담아 / 우리 어린 오 남매를 아랫목 동그랗게 불러 앉혔지요 / 눈 환하게 와 닿는 그 맛이라니, 음식이 입으로 가는지 코로 가는지 / 오물거리는 어린 입과 둥글게 말아 쥔 꼬막손을 / 어머니는 마냥 흐뭇이 바라보며, / 오메 저것 보소, 입속에 밥 들어가는 저것 좀 보소! / 당신도 입안 가득 뽀얗고 뜨건 행복을 꼬옥 물고 계셨지요 // 이제 와 생각하면 사람 사는 게 다 먹고살자는 일이지만 / 마른 논바닥에 물들어가는 것과 / 자식들 입에 밥 들어가는 거야말로 / 세상천지 가장 보기 좋은 풍경이라던 어머니 / 뉘 볼세라 돌아앉아 쿡쿡 옷소매로 눈물 찍어내셨지요 // 오늘 그 반가운 날이 와 / 그 맛있다는 쇠뭇국과 김이 모락모락 나는 다순 쌀밥을 조반상에 올려놓고 / 나는 한입 가득 뜨다 말고 / 또 한입 뜨다 말고 / 알다가도 모르게 자꾸 자꾸만 입술 깨무는지 / 젖은 눈꺼풀만 공허니 끔벅거리는지 // 뜨거운 건 왜 눈물이 날까"

사무실 책장에 꽂혀있는 책을 정리하다가 훅! 가슴 아린 제목 하나가 눈에 띄기에 집어 들었다. 『뜨거운 건 왜 눈물이 날까』 시집이다. 얼른 제목을 본문에서 찾았다. 별 내용 없다. 그저 조촐한 밥상 이야기다. 그런데 눈물이 핑 돈다. 시를 잘 쓰는 분이구나. 그제야 시인이 누군지 살펴본다. 2002년 『문학춘추』로 등단한 전주 출신의 김회권 시인. 그는 이미 『숲길을 걷는 자는 알지』, 『동곡파출소』, 『우아한 도둑』 세 권의 시집과 『뜨락에서 꽃잎을 줍다』, 『꽃처럼 웃다가 주름진 얼굴로 가라』 두 권의 산문집을 출간한 중견 문인이다. 책은 모두 읽고 싶은 마음이 들게 하는 좋은 제목을 가지고 있다.

56편의 시가 3부로 나뉘어 수록된 시집은 '도약하는 집착들 가운데서 네가 항상 우선이었다'라는 시인의 고백처럼 시에 대한 사랑, 갈망, 내려놓음이 녹아 들어있다. 쉽게 읽히면서도 마음을 움직이는 시가 좋은 시다. 그런데 그렇게 쓰기란 쉽지 않다. 너무 다 보여주면 쉬 싫증을 느끼고 꼭꼭 숨기면 찾기 귀찮아 멀어진다. 쉬우면서도 뭔가 한방이 있는 시를 쓰려니 그토록 고뇌하고 집착하게 되는 것이다. 끊임없이 관찰하고 이리저리 돌려보고 비틀어보고 분해하다 보면, 어느 순간 시인 말대로 '이제 너를, 고정된 말뚝에 그만 비끄러매고 싶다. 삶이 영원으로 흘러가듯' 깨달음이 온다.

"퇴근길 키 작은 담장 너머로 / 쫑긋 고개 내민 / 빨간 장미꽃 한 송이 // 오메 반가워라, 눈 환하게 와 닿는 마음 / 꽃보다 더

붉네 // 우아하니 두 발 곧추세워 / 내민 손 끝에 / 난데없이 와 닿는 / 고함 소리, // - 이보소, 왜 남의 꽃을 꺾고 그래싸요! // 골목 먹먹히 울려대는 / 주인 아낙네의 낭창한 쇠갈음 소리 / 한데 이 맘은 왜 이리 청정할꼬? / 오늘은 바로, / 아내의 귀빠진 날"

시집 『뜨거운 건 왜 눈물이 날까』에 수록된 시 「우아한 도둑」 전문이다. 앞선 시 「뜨거운 건 왜 눈물이 날까」와 비슷한 듯 대조적이다. 살아있는 삶의 시어, 풍경의 시어. 평범한 듯 개성 있는 시어가 쉬 공감을 주는 부분은 비슷하고, 앞선 시가 눈물을 핑 돌게 했다면 뒤의 시는 웃음 활짝 돌게 하는 부분은 다르다. 김회권 시인의 시를 보면서 가장 자기다운 것이 개성과 특징을 살릴 수 있음을 다시 느낀다. 사투리도 늘 써오던 사람이 더 구수하게 쓸 수 있는 것처럼, 자신 있게 잘하는 부분을 살리면 덜 힘들게 좋은 시를 쓸 수 있겠다. 그의 자신감은 「여우 같은 여자」에서 절정을 이룬다. 욕조차 찰진 시어로 만들어버린 자신감이 부럽다.

"한 여자를 기다린다 / 샹들리에 불빛 출렁이는 카페에 앉아 / 여러 날 내 머릿속 헤적였던 / 나만의 여자 // 그 여자 아니 오고, 치자꽃 내음 물씬 풍기며 스치는 / 앳된 여종업원의 허연 허벅살만 / 나는 망연히 비릿하게 좇는 것인데 / 그러다 마주친 눈빛엔 황망히 고개 젖혀 / 식은 찻잔을 홀짝이는 것인데 // 온다는 그 여자 아니 오고, / 비라도 한바탕 무량으로 쏟아진다면 /

그 비 위무 삼아 심심찮게 창밖 내다볼 터 / 그러다 스치는 사람들 길흉화복 점치며 / 심심치 않게 시간 때울 터 // 나는 다시 가슴 울렁이는 그 여종업원의 허연 허벅살을 / 은은하게 좇는 것인데 / 그러다 또 마주친 눈빛에 황망히 얼굴 돌려 / 뒤를 보는데, 그렇게 뒤를 보는데 // 마냥 기다리고 기다렸던 그 여자가 / 내 속 깜깜하게 애태웠던 여자가 / 후미진 칸막이 뒤편에 / 붉게 홍조 띤 얼굴로 / 승냥이마냥 기인 혓바닥 쭈욱 내밀며 / 어느 젊은 사내의 볼때기를 / 징글맞게 쪼옥 쪽 핥아대고 있지 않은가 // 온다는 그 여자가 / 내 마음 온통 숯검정 되게 태워버린 / 여우 같은 고 잡년이!"

마지막 행 '여우 같은 고 잡년이!'는 정제된 시적 언어라고 보기 힘들다. 맛깔스럽지도 않은 지극히 상스러운 보통 욕이다. 욕은 대화체가 아니면 웬만해선 잘 안 쓴다. 그런데 이 시에서는 화자의 황당무계한 분노의 마음이 잘 대변되고 있다. 만약 '여우 같은 그 여자가'로 바꿨다고 보자. 뜻이 통하고 품위도 잃지 않긴 하나 맛이 덜 사는 느낌이다. 아마 시인도 이 단어를 두고 많이 고민했을 것이다. 여러 사람의 고견도 들었을 것이다. 그러다 '고 잡년이'가 이 시에 가장 잘 어울리는 단어라고 여겼을 것이다. 필자가 이 시를 고른 이유이기도 하다.

내일처럼 비가 내리면

안창섭 시인의 시집 『내일처럼 비가 내리면』에는 총 65편의 시가 실려 있다. 이병철 문학평론가는 그의 시들에서 몇 가지 특징을 찾아냈다. 시간과 공간의 끊임없는 이동 시도로 보이는 현실 초월성, 근대 문명의 확실성에 반기를 든 예측 불가능성의 수용, '나'를 비우고 타자를 수용하는 타자 지향적 세계관, '나'의 죽음을 자연과 우주 일부가 되는 통과의례임을 받아들이게 하는 죽음 수용의 태도다. 시를 읽다 보면 충분히 공감될 것이다. 이런 특징을 갖춘 시들 중 '내일'을 제목으로 한 시 몇 편이 눈에 들어와 함께 감상하고자 한다.

"내일처럼 비가 내리면 / 우산도 없이 걸어가는 그림자 / 영혼이 빠져나가지 못하는 좁은 골목 안 / 헌 옷 수거함 속에 잠든 그림자 무게는 허리춤에 걸려요 // 지금 살아 있나요? / 아직 미치지는 않았어요? 정말 미치겠으면 발가벗고 나오세요 / 이제는 내장 하나쯤 잘라내는 것은 아주 오래된 현재라서 / 살다가 힘들 땐 어제 같은 미래라도 살짝 다녀올 수 있어요 (중략) 별일 없이 떨어지는 감꽃을 주어다 목걸이를 만들어요 / 별이 떨어진 만큼 감꽃도 긴 꼬리가 빛나요 // 아주 짧게 떨어진 미래의 과거가 되돌아 왔어요 / 내일처럼"

-「내일처럼」 中

오래된 현재, 어제 같은 미래, 미래의 과거라는 시간 초월의 시어를 통해 시인은 우산 없이 걸어가는 그림자, 영혼이 빠져나가지 못하는 좁은 골목, 헌 옷 수거함에 잠든 그림자 무게만큼 지칠 대로 지쳐있는 우리에게 아직 미치지 않고 살아있는지 안부를 묻는다. 미치지 않고 살아낼 수 없는 세상이니 정말 미치겠으면 발가벗고 나오란다. 그리고 살다가 힘들면 별일 없이 떨어지는 감꽃처럼 아주 짧은 순간 어제 같은 미래에 살짝 다녀와도 좋단다.

"지나친 거리마다 이정표를 세우며 돌아온 태양 // 어제와 같은 오늘이 시계 반대 방향으로 가고 있을 때 / 어젯밤 너에게 하고픈 말을 돌려받고 싶을 때 / 삶과 죽음의 본능이 교차하는 밤 / 밤의 심장은 과거시제를 완료하고 // 밤, 낮으로 나뉜 자전의 중심선에서 / 반환점을 돌고 가는 낮달이 / 노을을 안고 바다 깊숙이 빠졌다가 솟아 나오는 (중략) 바람 한 장, 먹구름 한 조각, 소나기 한바탕 담을 수 없는 / 오늘의 배낭에는 파리한 달빛만 구겨 넣고 가는 / 날마다 그런 날, / 태양은 달리고 있다"

-「내일이 오늘에게」 中

태양은 쉬지 않고 달린다. 노을을 안고 바다 깊숙이 빠졌다가 다시 솟아 나오며 이정표를 세운다. 태양은 시계방향으로 가지만, 오늘은 시계 반대 방향으로 간다. 오르막과 내리막이 되풀이되는 기나긴 여정. 어제는 아픔과 후회를 남긴다. 내일로 가도 마찬가지일 것이다. 그러나 내일이 오늘에게 말한다. 앞서간 발자국을 애써 찾을 필요 없이 따라오는 시간의 숨소리에 발맞추어 새벽을 맞으라고. 태양은 계속해서 달리고 있으니까.

"어제의 그늘 속에서 허리가 잘려 나간 지렁이가 오늘 흙무덤을 헤치고 남새밭을 갈아엎었다고 합니다. 이 소식을 들은 다리가 긴 지렁이들이 머리를 풀고 햇빛 쏟아지는 광장으로 모이고 있습니다. (중략) 광장에서 사나흘 머문 소문들이 당근처럼 뿔로 자라나서 수직의 파문을 그리며 골목으로 파고듭니다. 다시 살아난 지렁이들의 허리를 봉합해서 토막 난 몸이 더 단단해지는 시간, 어쩌면 저수지 바닥에서 건져 올린 전생이, 가장 오래된 시계로 시간을 맞추는 날입니다. // 태양과 몸을 섞는 일개미들도 손목시계를 올려놓고 흰 뼈를 맞추는, 오늘보다 못한 내일 또 내일입니다."

-「내일 또 내일」 中

산 지렁이는 죽은 지렁이의 그림자를 밟고 살아간다. 어제의 그늘 속 자신의 무덤 앞에서 내일을 맞이하며 춤추는 나비와 같다. 삶의 무게에 눌려 허리가 잘려 나간 지렁이들이 광장에서 사나흘 머문 소문을 통해 다시 살아나고 더욱 단단해진다. 내일이 오늘보다 낫다는 보장은 없다. 아니, 오늘보다 못한 내일일 수도 있다. 하지만 태양과 몸을 섞는 일개미처럼 우리는 오래된 시계로 시간을 맞추며 묵묵히 살아내야 한다. 빠져나갈 꿈이라도 내일을 기대한다.

안창섭 시인의 시집 『내일처럼 비가 내리면』에는 흥미로운 시들이 많다. 진지하면서도 재기 넘치고 해학적인 사고, 시적 언어를 요리조리 주무르는 문장, 시공간을 넘나드는 풍부하고 남다른 상상력이 돋보인다. 좋은 시집 한 권 만나보기를 권한다.

당신의 이름을 지어다가

멋 부리기 위해서였는지는 모르겠으나 다들 손에 시집 한 권씩 들고 다니던 시절이 있었다. 그때 시들은 대체로 쉽게 읽히면서도 깊은 울림과 위로와 감동을 주어, 누구나 편지 쓸 때 좋은 시구 몇 줄 찾아 넣기가 유행일만큼 인기가 있었다. 그런데 요즘 시들은 왜 그리 속뜻을 꽁꽁 싸놓았는지 작품성과는 별도로 몇 번을 읽어도 이해가 잘 안 된다. 그러니 읽는 피로감에 지친 대중들이 멀어져갈 수밖에 없다. 그런데 다행히도 여전히 깊이 있으면서 잘 읽히고 작품성까지 갖춘 시들이 있어 시 읽는 즐거움을 연장해준다.

"이상한 뜻이 없는 나의 생계는 간결할 수 있다 오늘 저녁부터 바람이 차가워진다거나 내일은 비가 올 거라 말해주는 사람들을 새로 사귀어야 했다 // 얼굴 한번 본 적 없는 이의 자서전을 쓰는 일은 그리 어렵지 않았지만 익숙한 문장들이 손목을 잡고 내 일기로 데려가는 것은 어쩌지 못했다 // '찬비는 자란 물이끼를 더 자라게 하고 얻어 입은 외투의 색을 흰 속옷에 묻히기도 했다' 라고 그 사람의 자서전에 쓰고 나서 '아픈 내가 당신의 이름을 지어다가 며칠은 먹었다' 는 문장을 내 일기장에 이어 적었다 // 우리는 그러지 못했지만 모든 글의 만남은 언제나 아름다워야 한다는 마음이었다"

시인 박준이 2012년 출간한 첫 시집 『당신의 이름을 지어다가 며칠은 먹었다』에 들어있는 동명의 시 「당신의 이름을 지어다가 며칠은 먹었다」 전문이다. 한 번만 읽고도 시인이 생계를 위해 자서전 쓰는 일을 하는구나, 하는 정도는 알 수 있다. 시인으로만 살 수 없는 현실을 불평하지 않고, 주어진 일 즉 타인의 삶을 대필하는 일에 충실하며 자신의 일상으로까지 끌어와 승화시키고 있음도 느낄 수 있다. 낯선 만남을 아름답게 이어가려는 긍정적 마음과 의지 역시 전달된다.

언어를 빙빙 돌리거나 배배 꼬지 않고 일상 그대로 함축하여 담담하고 솔직하게 배열해놓았기에 독자가 쉽게 이해하고 공감할 수 있다. 절대 가볍지 않은데 쉽게 읽힌다는 것은 수없이 많은 퇴고의 흔적이고 결과다. 실제로 출간 준비를 다 해놓고도 완성도를 높이기 위해 1년이나 더 숙성시킨 후에 발표했다니 얼마나 정성을 들였을지 미루어 짐작할 수 있다. 그간의 인기도서 실적과 이름 있는 문학상 수상 경력이 그냥 쉽게 얻은 성과가 아니다.

시인의 삶도 우리네 삶과 별반 다르지 않다. 다만 시인이 생계를 위한 발버둥들과 여러 부조리한 현장들, 갈등하고 번뇌하는 인간군상들을 시로 잘 승화시켜 놓으면, 우리는 읽고 위로받고 감탄과 감동으로 마음에 수양을 쌓으면 된다. 그것이 양쪽 모두에게 좋은 일이다. 박준 시인의 시들은 그런 점에서 쉬우면서도 의미가 함축된 아름다운 언어와 문장, 적당히 호기심을 유발하는 스토리, 담담한 글에서 묻어나는 깊이 있는 사고 등으로 작품성과 대중성을 고루 갖추었다. 독자와 학자 모두를 만족시킬 수 있기에 우리로서는 반갑다. 정성을 다하지 않고는 작품 발표를 쉽게 하지 않는다니 더욱 그러하다.

"그곳의 아이들은 / 한번 울기 시작하면 // 제 몸통보다 더 큰 / 울음을 낸다고 했습니다 // 사내들은 / 아침부터 취해 있고 // 평상과 학교와 / 공장과 광장에도 / 빛이 내려 // 이어진 길마다 / 검다고도 했습니다 // 내가 처음 적은 답장에는 / 갱도에서 죽은 광부들의 / 이야기가 적혀 있었습니다 // 그들은 주로 / 질식사나 아사가 아니라 / 터져 나온 수맥에 익사를 합니다 // 하지만 나는 곧 / 그 종이를 구겨버리고는 // 이 글이 당신에게 닿을 때쯤이면 / 우리가 함께 장마를 볼 수도 있겠습니다, 라고 / 시작하는 편지를 새로 적었습니다"

첫 시집 이후 6년 만인 2018년 발표한 두 번째 시집 『우리가 함께 장마를 볼 수도 있겠습니다』에 나오는 '장마–태백에서 보내는 편지' 전문이다. 박준 시인은 서울 출생으로 도시에서 생활했는데도 지방 곳곳의 다양함을 담은 편지 형식의 시가 많다. 이 시는 열악한 환경에 놓여 있는 태백의 한 탄광촌 이야기로, 그곳은 아이들이 날마다 큰 소리로 울고 남자들은 술에 취해 있고 광부들은 갱도에서 죽어 나가는 어두운 곳이다. 시는 광부들이 수맥에 의해 익사하는 이야기로 분위기를 한껏 고조시키더니 돌연 접고 일상으로 돌아와 장마를 이야기한다.

이 시의 핵심어는 '장마'다. 탄광촌은 연속되는 슬픔의 장마 촌이다. 어둠이 장마처럼 길게 내린다. 수맥이 넘쳐 죽음의 장마를 이룬다. 그리고 곧 화자는 수신인과 함께 그들만의 장마를 보게 될 것이다. 장마는 이어져 우리 역시도 장마를 봤거나 보게 될 것이다. 우리들의 장마가 탄광촌의 장마처럼 슬픔, 불행, 미움, 아픔, 죽음의 장마가 아닌 기쁨, 행복, 사랑, 건강함, 생명의 장마가 되길 기원한다. 좋은 시를 읽다 보면 나만의 해석과 분석하는 즐거움에 빠져 시간 가는 줄 모른다.

마음이 살짝 기운다

오락가락하는 봄 날씨처럼 마음이 제멋대로 춤을 춘다. '괜찮아 봄엔 원래 다 그래.' 다독여 보지만 이미 든 바람은 천방지축 가라앉질 않는다. 이럴 땐 누구를 만나든, 책을 읽든, 여행을 가든, 일에 매달리든, 무언가에 집중하다 보면 조금은 안정감을 찾을 수 있다.

마침 오랜만에 만난 아름다운 이에게서 시집 한 권을 선물 받았다. 하드커버를 감싼 연초록 표지 한가운데 붉은 칡꽃 다섯 송이가 그려져 있고 그 바로 왼쪽 위로 '마음이 / 살짝 / 기운다'라고 써진 3행의 제목이 그녀만큼이나 상큼하면서도 매혹적으로 다가온다.

커버를 여니 저자가 친필로 쓴 증정 사인과 시 「꽃그늘」이 한 면을 묵직하게 채우고 있다.

"아이에게 물었다 / 이다음에 나 죽었을 때 / 찾아와 울어줄 거지? / 대답 대신 아이는 / 눈물 고인 두 눈을 / 보여주었다."

아름다운 그녀에게 특별했을 시집 선물에 행복하다. 보통의 경우 친필 사인받은 책을 남에게 주지는 않기에, 착각인지는 몰라도 그녀가 나를 대하는 마음의 깊이가 '대답 대신 눈물 고인 두 눈을 보여주는 아이'의 얼굴처럼 다가와 내 마음도 그녀에게로 조금 더 기운다.

시집의 제목으로 쓰인 '마음이 살짝 기운다'는 문장은 「새로운 별」이라는 시의 첫 행이기도 하다. 수록된 100편의 시 중에서, 그 많은 행 중에서 이토록 은은하면서도 매력적인 제목을 뽑아낸 편집자의 안목이 훌륭하다. 시인의 마음이 어디로 기울고 있는 걸까 궁금하지 않을 수 없다.

> "마음이 살짝 기운다 / 왜 그럴까? / 모퉁이께로 신경이 뻗는다 / 왜 그럴까? / 그 부분에 새로운 별이 하나 / 생겼기 때문이다 / 아니다, 저편 의자에/네가 살짝 와서 앉았기 때문이다 / 길고 치렁한 머리칼 검은 머리칼 / 다만 바람에 날려 / 네가 손을 들어 머리칼을 / 쓰다듬었을 뿐인데 말이야."
>
> \- 「새로운 별」 전문

우리 모두 때때로 누군가의 작은 행동 하나, 사소한 말 한마디에 설레기도, 혹은 설레게 하기도 한다. 잔잔한 이런 마음은 삶에 활력을 주어 각박한 세상을 아름다운 눈으로 보게 하는 힘이 있다. 시인은 우리가 말로 표현하기 힘든 속마음을 참 쉽고도 담담한 시적 언어를 통해 다시 우리에게 전해주며 공감을 산다. 마음이 살짝 기우는 이 느낌, 누구라도 미소 짓게 만드는 이 기분 좋은 느낌은 별을 가슴에 품은 사랑이다. 그리움이다.

한 공중파 방송의 청소년드라마에 "자세히 보아야 예쁘다 / 오래 보아야 사랑스럽다 / 너도 그렇다"라는 시가 소개되면서 풀꽃 시인으로 유명해진 나태주 시인의 시들은 한결같이 따뜻하다. 다정하다. 순수하다. 그리고 무엇보다 따로 해석이 필요 없을 만큼 쉽다. 하지만 깊이와 울림이 있다. 그래서 남녀노소를 불문하고 많이들 찾아 읽고 전달하게 만든다.

"너는 내가 사랑한다는 걸 모르지 않는다 // 그걸 빌미로 너는 때로 나를 흔들기도 한다 // 어지럽다 어지러워 // 아이야 흔들어도 너무 흔들지는 말아다오."

- 「바람에게」 전문

우리는 바람에 흔들리기도, 또 바람이 되어 누군가를 흔들기도 한다. 적당히 흔드는 바람이야 사랑으로 서로 안고 가지만, 도를 넘어 흔들어대는 바람은 부러뜨리려는 못된 목적이 보이기에 모두가 사양한다. '너무 흔들지는 말아다오.' 부드럽게 말하고 있지만 단호함이 깃들은 시인의 마음이 곧 우리 마음이다.

"사람이 길을 가다 보면 / 버스를 놓칠 때가 있단다 // 잘못한 일도 없이 / 버스를 놓치듯 / 힘든 일 당할 때가 있단다 // 그럴 때마다 아이야 / 잊지 말아라 // 다음에도 버스가 오고 / 그다음에 오는 버스가 때로는 / 더 좋을 수도 있다는 것을! // 어떠한 경우라도 아이야 / 너 자신을 사랑하고 / 이 세상에서 가장 귀한 것이 / 너 자신임을 잊지 말아라."

-「다시 중학생에게」 전문

공주에서 초등학교 교장으로 정년 퇴임하여 공주문화원 원장까지 지낸 70대 후반의 존경받는 노시인이 부르는 '아이'가 비단 어린아이뿐이겠는가. 세대를 초월하여 아름다운 것들, 애틋한 사랑, 마음속에 고이 간직하고 있는 사람들에게 노시인은 삶의 연륜이 담긴 시를 통해 어떤 상황 앞에서도 절망하지 말고 희망을 품으라고 말한다. 불평, 불만 하느라 시간 허비하지 말고 자기를 아끼고 사랑하며 다음을 기약하라고 말한다. 지나간 악운 탓하느라 오고 있는 행운까지 놓치지 말라고 당부한다.

노시인의 따뜻한 안부를 바람 부는 이 봄, 마음이 기우는 이들에게 전달한다.

사탕 비눗방울

시집 한 권을 문협 사무실에서 받았다. 발신인은 2020년도 성호문학상 대상작인 시집 「사탕비누방울」의 저자 박종해 시인이다. 단체 임원들 앞으로 보내온 모양인데, 1942년생 노시인께서 문단의 일면식도 없는 한참 어린 후배들에게 예를 갖추는 모습에 그 인격을 미루어 짐작할 수 있겠다. 아니나 다를까 도산서원, 도동서원의 원장을 지낸 유학자 창릉 박용진 선생의 장남으로, 어릴 때부터 예의가 몸에 밴 분이다. "……작품도 인품과 마찬가지로 준수하다는 것이 나의 첫인상이었고……" 유종호 문학평론가의 서문을 통해 더욱 검증된다. 그럼, 이제 성호문학상 대상작이자 박종해 시인의 열두 번째 시집인 『사탕비누방울』 속으로 들어가 보자.

"달콤한 것은 오래가지 못한다. / 허무의 거품 속에 들어앉은 잃어버린 얼굴 / 꿈꾸고 있는 투명한 육체의 집 / 그 집안에 서려 있는 / 바람의 기억들이 빠져나가고 / 달의 흰 뼈들이 숲속에 내려앉는다. / 잠을 깬 종소리들이 소리의 그물로 숲을 덮는다. /

꿀을 빨던 벌들의 옷자락이 잠긴다. / 나는 그렇게도 쉽사리 기억의 빗장을 잠글 수 있을까 / 사탕비누 방울이 나비의 기억을 물고 날아다닌다. / 어둠속에 폭죽처럼 피어올라 산산이 흩어진다. / 한때 눈부신 것들은 허무의 재가 된 것일까 // 모든 것이 한갓 꿈 조각으로 / 산산이 흩어져 가뭇없이 사라진다."

시집 제목이기도 한 「사탕비누방울」 전문이다. 제목은 동시처럼 가볍고 예쁜데 내용은 인생무상의 허무감으로 무겁다. 이제 나도 허무를 알게 된 나이여서인지 '달콤한 것들은 오래가지 못한다.'는 첫 행이 마음에 확 와닿는다. 살아보니 통계적으로 달콤하면 할수록 오래가지 못할 뿐 아니라 위험천만하여 우리의 얼굴, 육체, 뼈, 기억 모두를 녹여버리기까지 한다. '한때 눈부신 것들은 허무의 재가 된 것일까'(12행) 젊은 날의 눈부심도 세월의 흐름 속에 늙고 병들면 지난 기억을 가물거리게 하여 인생무상이고 일장춘몽이 된다. 전체적으로 시어들이 예쁘면서도 가지런하게 잘 배열되어 무거운 주제를 비눗방울처럼 띄워놓았다.

"번데기는 눈이 없다. / 나방이 되어 비로소 눈을 열고 / 고치를 뚫고 나온다. / 눈에 보이는 것은 모두 장벽이다 // 눈이 없는 번데기가 나방으로 변신하여 / 고치를 뚫고 나오듯 / 나는 감고 있던 눈을 뜨고 / 장벽을 뚫고 나아간다. // 세상은 콱 막혀 있는 것 같지만 / 실은 환하게 트여있다. / 캄캄한 밤을 등에 업고 / 나방은 불빛을 향해 / 불쑥 날아오른다."

시 「작은 몸부림」은 앞선 시 「사탕 비눗방울」과 대조를 이룬다. 「사탕비누방울」이 인생의 허무를 읊조렸다면, 「작은 몸부림」은 인생의 희망을 노래한다. 나방의 일생을 간결하게 정리해놓은 이 시는 시간의 차이만 있을 뿐 우리네 인생과 별반 다르지 않다. 번데기가 나방으로 변태하여 고치를 뚫고 나와 밝은 불빛을 향해 날아오르듯, 화자도 감았던 눈을 떠 앞에 놓인 장벽을 뚫고 환하게 뜨인 세상으로 나오려 한다. 그러자고 한다. 알고 보면 세상이 그렇게 콱 막히지 않았다고. 고난이 아무리 커도 뚫고 나오면 희망이 기다리고 있다고. 어둠이 깊을수록 빛은 더욱 환하게 빛난다고. 그리고 그 밝은 빛을 향해 나방처럼 불쑥 날아오르기를 소망한다. 비록 불에 델지라도.

"고요 속에서 한없이 고요 속으로 들어가면 / 해탈의 문이 열리고 / 백팔번뇌와 집착에서 풀려나 / 오도(悟道)의 미소를 머금고 피어나는 꽃 // 빛깔도, 소리도, 모양도, 냄새도 없는 / 마음의 뿌리엔 / 아수라장 같은 뻘과 뻘이 / 얽히고설켜 응어리져 있다. // 그 마음의 응어리를 실오라기처럼 풀어내어 / 연꽃은 화엄의 정토 위에 가부좌로 앉아 / 말없이 웃고 있다."

시인은 순결하고 고고한 「연꽃」을 보며 해탈의 경지에 올라 화엄의 정토 위에 가부좌한 부처를 떠올린다. 오도(悟道)의 미소를 머금은 연꽃도 본마음의 뿌리에는 얽히고설킨 많은 번뇌와 집착들로 응어리져 있다. 그 응어리를 실오라기 풀 듯 서서히 풀어내는 공을 들임으로써 한낱 연뿌리가 부처의 경지에까지 올랐다. 우리도 그렇게 마음속 응어리를 풀고 살면 참으로 좋겠는데, 현실 속 세상은 나 혼자 응어리를 푼다고 풀어지지도 않을뿐더러 계속해서 얽혀오는 쓰레기들로 홀로 고고하기란 쉽지 않다. 그래서 여전히 진흙탕 수준을 면치 못한다. 그럼에도 해탈한 듯 보이는 연꽃을 보며 마음 비우기 연습을 꾸준히 할 이유는 찾는다.

노(老)시인이 보내온 시집 한 권으로 심란하던 마음이 차분해지고 처져있던 입가가 살짝 올라갔다. 고고한 박종해 시인의 시집을 많은 분이 읽어 함께 고고해지길 바라본다.

갈대 시인의 가난한 사랑을 찾아서

위로가 필요한 시기다. 그러나 모두가 그러하니 남의 일엔 모르쇠로 자기 일 푸념하기에 바쁘다. 참으로 위로받기 힘든 외로운 세대를 우리가 살아가고 있다. 이럴 때 한국 현대사에 손꼽히는 시인 중 한 명이 생각난다. 농민과 민중을 위한 시 쓰기로 많은 이들에게 공감과 위로를 준 신경림(1933~) 시인이다. 그의 시는 힘든 대중의 마음을 헤아려주고 어루만졌다. 그래서 오래도록 사랑받고 있다. 나 역시도 그와 그의 시를 사랑한다. 감수성이 예민한 시기이기도 하지만 철이 일찍 들었던 중2 때 서정성을 띤 그의 초기 시 「갈대」를 접하고 가슴이 아렸다. 지금도 낭독하다 보면 눈물이 난다. 진정성 있는 시는 세대를 넘어 공감하고 소통한다.

"언제부턴가 갈대는 속으로 / 조용히 울고 있었다. // 그런 어느 밤이었을 것이다. 갈대는 / 그의 온몸이 흔들리고 있는 것을 알았다. // 바람도 달빛도 아닌 것, / 갈대는 저를 흔드는 것이제 조용한 울음인 것을 / 까맣게 몰랐다. // 산다는 것은 속으로 이렇게 / 조용히 울고 있는 것이란 것을 / 그는 몰랐다."

-「갈대」 전문

시인은 흔들리는 갈대를 보고 조용히 울고 있다고 표현한다. 바람이나 달빛 같은 외부적 요인이 아닌 자신의 조용한 울음 때문이라고 한다. 실제 보이는 형상대로 하면 바람 탓이다. 달빛의 영향도 있다. 하지만 시인은 자신의 내재적 울음, 울분이 흔들어놓은 형상이라고 말한다. 갈대(인간)는 연약하다. 바람(인생)은 자신을 드러내기 위해 끊임없이 무언가를 흔든다. 달빛(꿈)은 너무 멀리 있고 잡으려 하나 잡히지 않으니 허망하다. 그러기에 갈대(우리)는 늘 고독과 비애를 품고 산다. 그걸 안다고 한들 울지 않고 흔들리지 않겠는가마는, 인지하고 인정함으로 조금은 평안해지지 않을까 하는 시인의 마음이 통했다. 알아주니 또 눈물이 난다.

"나무를 길러 본 사람만이 안다 / 반듯하게 잘 자란 나무는 / 제대로 열매를 맺지 못한다는 것을 / 너무 잘나고 큰 나무는 / 제 치레하느라 오히려 / 좋은 열매를 갖지 못한다는 것을 / 한군데쯤 부러졌거나 가지를 친 나무에 / 또는 못나고 볼품없이 자라난 나무에 / 보다 실하고 / 단단한 열매가 맺힌다는 것을 // 나무를 길러본 사람만이 안다 / 우쭐대며 웃자란 나무는 / 이웃 나무가 자라는 것을 가로막는다는 것을 / 햇빛과 바람을 독차지해서 / 동무 나무가 꽃피고 열매 맺는 것을 / 훼방한다는 것을 /

그래서 뽑거나 / 베어버릴 수밖에 없다는 것을 / 사람이 사는 일이 어찌 꼭 이와 같을까만"

-「나무 · 1. 지리산에서」 전문

시인은 세파에 시달리는 연약한 갈대에 이어, 잘난 척 양보 없이 꼿꼿한 나무 옆에서 배려와 겸손으로 울퉁불퉁 볼품없이 자란 나무도 위로한다. 평생을 연약하고 힘없는 농민, 민중, 서민의 관점에서 시를 써온 시인은 분명하게 말한다. 너무 잘난 나무는 좋은 열매를 맺지 못한다고. 주변 나무를 가로막고 방해한다고. 나무를 길러본 사람만이 안다고. 지리산(세상)의 많은 나무(사람)를 접해본 화자의 말에 공감하지 않을 수 없다. 1%의 잘난 사람들이 남긴 대단한 업적도 결국은 대중의 노력 없인 불가능했다. 또 그들이 흘려놓은 골칫거리와 문제는 결국 늘 대중이 나서 처리하고 정리해왔다. 99%를 무시한다면 1%는 의미 없다.

"가난하다고 해서 외로움을 모르겠는가 / 너와 헤어져 돌아오는 / 눈 쌓인 골목길에 새파랗게 달빛이 쏟아지는데. // 가난하다고 해서 두려움이 없겠는가. / 두 점을 치는 소리 / 방범대원의 호각소리 메밀묵 사려 소리에 / 눈을 뜨면 멀리 육중한 기계 굴러가는 소리. // 가난하다고 해서 그리움을 버렸겠는가 / 어머님 보고 싶소 수없이 뇌어보지만 / 집 뒤 감나무에 까치밥으로 하나 남았을 / 새빨간 감 바람소리도 그려보지만. // 가난하다고 해서 사랑을 모르겠는가 / 내 볼에 와 닿던 네 입술의 뜨거움 /

사랑한다고 사랑한다고 속삭이던 네 숨결 / 돌아서는 내 등 뒤에 터지는 네 울음. // 가난하다고 해서 왜 모르겠는가. / 가난하기 때문에 이것들을 / 이 모든 것들을 버려야 한다는 것을."

-「가난한 사랑노래」 전문

시인이 이웃의 가난한 젊은 부부를 생각하며 쓴 시다. 그래서 '이웃의 한 젊은이를 위하여'라는 부제도 있다. 1987년 자주 가던 식당의 딸에게서 사랑하는 남자가 있는데 만나달라는 요청을 받는다. 두 사람은 결혼하고 싶은데 남자가 지명수배의 처지라 어떻게 하면 좋을지 물어왔다. 시인은 축시 '너희 사랑'과 주례로 결혼을 도왔다. 이후 불투명한 미래지만 행복해하던 이 부부를 생각하며 한 편의 시를 더 썼는데 그것이 「가난한 사랑노래」다. 가난하다고 외로움, 두려움, 그리움, 사랑을 모르겠는가, 다만 가난하여 버리는 것일 뿐. 그러나 사랑만은 차마 버릴 수 없기에 여전히 곳곳에서 애절하다.

악어의 입속으로 들어가는 밤

얼마 전 '비움예술창작소'에서 안산예총이 주최하고 안산문협이 주관한 '마경덕 시인 초청 강연회'가 있었다. 평소 그녀의 시가 깊이 있으면서도 어렵지 않아 많은 독자에게 사랑받고 있으며 시 창작의 배움이 필요한 이들에게 그녀의 강연이 도움이 된다는 것을 알고 있던 터라, 이번 특강을 통해 직접 그녀의 작품을 마주하게 되어 좋았다.

시인은 2003년 세계일보 신춘문예에 당선된 후 시집 『신발론』, 『글러브 중독자』, 『사물의 입』, 『그녀의 외로움은 B형』, 『악어의 입속으로 들어가는 밤』 다섯 권을 출간했고 제2회 북한강문학상대상, 두레문학상, 제2회 선경상상인문학상, 제18회 모던포엠문학상을 수상했다.

"누구나 쓸 수 있으나 아무나 쓸 수 없는 글을 써야 한다. 시 쓰기는 일상의 한순간을 포착하는 섬세한 시선으로부터 시작된다. 다가오는 시의 기척을 예감하고 내면에 존재하는 선명한 파동을 기록하는 일이다. 고정된 시각으로는 보이지 않는 현실의 이면과 사유의 세계를 보여주는 일이기에 내 몸에 깃든 징후들을 눈치채고 그들의 존재를 언어로 드러내는 것이다. 이때 시인에게는 모든 것과 온갖 것을 동원할 언어의 자유가 주어진다. 사물의 생소함을 자신 안에 던져놓고 출구를 찾아가는 시 쓰기는 익숙한 길을 두고 낯선 길을 찾아가는 일과 같다"

시인은 올해 출간한 다섯 번째 시집 『악어의 입속으로 들어가는 밤』을 가져와 참석자 전원에게 나눠주고 원하는 이들에게는 사인도 정성껏 해주었다. 관계자들과의 애프터 시간을 통해서 시인이 살아온 삶을 얼마간 엿볼 수 있었는데, 역시나 시는 그냥 나오는 게 아님을 다시 한번 느꼈다. 삶의 고통이 승화될 때 감동 있는 작품이 탄생하는 것이다.

『악어의 입속으로 들어가는 밤』에는 총 67편의 시가 4부로 나뉘어 실려있는데, 맨 마지막으로 수록된 67편째 시 「악어의 입속으로 들어가는 밤」이 시집 제목과 같아 먼저 눈에 띈다. 완성되지 못한 습작 시들을 대하는 시인의 태도, 창작자의 고뇌가 비유적으로 담긴 시 전문을 소개한다.

"실패한 시를 묶는다 / 입을 쩍 벌리는 집게클립 // 초원을 향해 강을 건너던 어설픈 나의 누 떼가 / 몇 해째 악어의 이빨에 물려있다 // 건기에 이마가 깨진 문장들, 쓰다 버린 언어의 자투리들 / 클립은 습작의 뒷다리를 덥석 물고 / 삼키지도 뱉지도 못하고 // 그런데, / 악어의 이빨자국이 선명한 그것들이 가슴을 쿵쿵 뛰게 한다 // 시와 연애한 지 17년, 시와 나의 관계는 무사한가 // 버둥거리는 물살에, 누 뒷다리 하나 던져두고 / 세상에 나가 / 일찍 죽어버린 시를 생각하는 밤 // 나는 악어의 입을 벌려 확인한다 / 저편으로 가지 못한 누 떼와 / 악어가 득실거리는 강가에서 / 밤새 떨고 있던 그 어린 詩의 마음을"

지면 분량상 시를 산문처럼 나열할 때 /는 행, //는 연을 표시한다. 그러면 「악어의 입속으로 들어가는 밤」은 7연 17행으로 구성된 자유시가 되겠다. 이 시는 시인이 강연에서도 말했듯이 누구나 쓸 수 있으나 아무나 쓸 수 없는 시에 해당한다. 실패한 시들을 정리하다가 아이러니하게도 독특한 시를 완성했는데, 비법은 시인만의 개성 넘치는 비유에 있다. 실패한 시들이 초원을 향해 강을 건너던 어설픈 누 떼로, 집게클립이 강을 지키고 있는 악어로 비유되어 시인의 마음을 대변한다. 동물의 세계는 어리거나 약한 것이 살아내기 힘든 환경이다. 그러나 어미는 모자란 새끼라도 악어가 삼키지도 뱉지도 못하는 동안 포기할 수 없다.

시의 세계, 작품의 세계도 마찬가지다. 시인은 시와 사랑에 빠져 20년 가까이 시인의 길을 가면서 입을 쩍 벌려야 물을 수 있을 만큼 많은 수의 습작 시를 몇 해째 버리지도 완성하지도 못하고 있다.

때론 살릴 수 있을 것 같은 희망으로 가슴 두근거리고 때론 포기하고 싶은 절망으로 가슴 답답한 상황이다.

시인뿐 아니라 창작자라면 누구나 그런 마음을 품고 있다. 희망고문이 얼마나 고통스러운지 경험해본 이들은 알 것이다. 이것도 저것도 아닌 상황에 놓여 잡지도 놓지도 못하는 일. 하지만 그중에는 구사일생으로 살아날 시도 분명히 있을 것이기에, 오늘 밤 시인은 악어의 입(집게클립)을 열어 확인하고 있다.

「악어의 입속으로 들어가는 밤」 이 한 편의 시만으로도 시인이 연약하고 모자란 것들, 미완성된 부족한 것들에 어떤 마음을 품고 있는지 엿볼 수 있다. 지극히 서민적인 고단한 삶을 견뎌온 시인은 그래서 고단한 이웃을 살피고 대변하는 시를 통해 함께 치유하고자 한다.

"24시 순댓국집에 밤일 나가는 / 아래층 다솜이 엄마도 / 내가 시인이란 걸 얼마 전에 알았다 // 시는 써서 뭐한데요 / 요즘 누가 그런 걸 읽어요 // 살기 어렵다고 내 밥을 걱정해 주는 / 착한 이웃이 있어 // 다시 시를 쓴다"

시집 제일 앞에 있는 '시인의 말' 전문인데, 고단한 삶을 살지만 착한 이웃들이 시인에게는 시를 쓰는 이유이자 원천이다.

객짓밥, 눈칫밥, 밥벌이 걱정

"묵직한 가방을 들고 집을 나서면 / 우리집 건너 건너 반지하 방 외눈박이 할머니 / 주워온 폐지를 접으며 / 응, 이제 일나가는구먼 / 잘 댕겨와유 // 골목 어귀 어물전 맞은편 / 전봇대에 기대앉은 좌판 노인도 도라지를 까다 말고 아는 체를 한다 / 뭐 하러 댕기시오 / 공장에 일 나가는 거요? // 단골 신발가게 아줌마도 지나가는 나에게 말을 붙인다 / 밥벌이는 좀 되나요? // 24시 순댓국집에 밤일 나가는 아래층 다솜이 엄마도 / 내가 시인이라는 걸 얼마 전에 알았다 // 시는 써서 뭐한대요 / 요즘 누가 그런 걸 읽어요? // 다들 살기 어렵다고 내 밥을 걱정해 주는 / 착한 이웃들이다"

마경덕 시인의 다섯 번째 시집 『악어의 입속으로 들어가는 밤』 3부에 열세 번째로 수록된 시 「밥 걱정」 전문이다. 시인은 시집 제일 앞 '시인의 말'에 이 시의 4연에서 6연까지를 인용하는 것으로 인사말을 대신했다. 시집을 출간하며 독자들에게 전달하고자 하는 시인의 말은 중요한 메시지를 담고 있다. 그런데 그 일을 「밥 걱정」이 대놓고 대신하고 있으니 시집 전체에서 이 시의 위치와 중요도가 어느 정도인지 가늠할 수 있겠다. 그런 점이 「밥 걱정」에 숨겨놓은 시인의 속마음과 드러내고자 하는 주제의 상관관계를 궁금하게 만든다.

우선 반지하방, 외눈박이 할머니, 주워온 폐지, 좌판 노인, 공장 일, 순댓국집 밤일 등의 단어를 통해 시인의 이웃이 힘없고 가난한 소시민임을 알 수 있다. 그러니 먹고살기 바쁜 이들에게 시 쓰는 일은 어찌 보면 하등 쓸데없는 일로 보일 수 있다. 외눈박이 할머니도 폐지를 줍고, 좌판 노인도 도라지를 깐다. 신발가게 아줌마는 신발을 팔고, 다솜이 엄마는 순댓국집으로 밤일을 나간다. 개미처럼 부지런히 몸을 써야 겨우 먹고사는 이들에게 한가롭게 시나 쓰는 시인은 베짱이처럼 한심한 존재로 비춰질 수 있다.

그렇더라도 "밥벌이는 좀 되나요?", "시는 써서 뭐한대요. 요즘 누가 그런 걸 읽어요?"라는 말은 걱정보단 질투 섞인 무례함으로 느껴진다. 다행히 화자는 밥벌이 잘하는 인기 시인이라 상처가 덜했을 수 있지만, 밥벌이 못 하는 다수의 가난한 시인들이 들으면 자존심 상할 말이다. 시인은 예술인이다. 예술에 밥벌이가 우선 되면 좋은 작품이 나오기 힘들다. 창작은 풍요보다 결핍 속에서 꽃 피워지길 갈망한다. 그래서 고단함, 고통, 억압, 불안 등 처절함 속에서 승화된 작품일수록 감동과 함께 치유력이 높아지는 것이다.

시인에게 배고픈 건 견딜 수 있지만, 작품을 무시당하는 건 견디기 힘들다. 그래서 창작의 고통 속에 스스로 몸을 던진다. 그리고 절망에서 벗어나기 위해 안간힘을 쓴다. 무시하는 사람들, 고통스러운 상황들, 벗어날 수 없는 억압 속에 갇혀있는 이들의 마음을 누구보다 잘 알기에 그들을 대신해서 시를 쓰기도 한다. 그 일은 대단히 숭고한 일이라 고단한 삶에 갇힌 많은 이에게 마음의 평안함과 자유로움을 만끽할 기회를 준다. 우리는 누구나 저마다의 방법으로 밥벌이하며 산다. 시인은 누군가 자신의 시에 감동할 때 배가 부르다.

"하나님은 / 저 소금쟁이 한 마리를 물 위에 띄우려고 / 다리에 촘촘히 털을 붙이고 기름칠을 하고 / 수면에 표면장력을 만들고 // 소금쟁이를 먹이려고 / 죽은 곤충을 연못에 던져주고 / 물 위에서 넘어지지 말라고 쩍 벌어진 다리를 / 네 개나 달아주셨다 // 그래도 마음이 안 놓여 / 연못이 마르면 / 다른 데 가서 살라고 날개까지 주셨다 // 우리 엄마도 / 서울 가서 밥 굶지 말고, 힘들면 편지하라고 / 취직이 안 되면 / 남의 집에서 눈칫밥 먹지 말고 / 그냥 집으로 내려오라고 / 기차표 한 장 살 돈을 내 손에 꼭 쥐여 주었다 // 그 한마디에 / 객짓밥에 넘어져도 나는 벌떡 일어섰다"

시집 1부에 첫 번째로 수록된 시 「객짓밥」 전문이다. 바람 불면 부서질 것 같은 연못 위의 연약한 소금쟁이를 보며 시인은 위태

위태한 자신의 처지를 소금쟁이와 비교하며 위로하고 격려한다. 소금쟁이와 시인을 통해 위태로운 상황에 놓인 우리는 또 위로와 격려를 받는다. 미물인 소금쟁이도 하나님이 세상에 내보내며 최소한의 안전장치를 해놓으셨다. 그러니 만물의 영장인 사람에게는 어떠하시겠는가. 조건 없이 베풀어주는 엄마라는 천사, 가족이라는 천사를 우리에게 안전장치로 선물해 주셨다. 그것도 모자라 사랑을 덤으로 주셨다.

하나님의 명으로 시인을 키워내느라 날개를 잃어 더는 힘을 못 쓰게 되었지만, 시인의 엄마는 시인을 객지로 내보내며 최소한의 자존심을 지킬 수 있는 기차표 한 장 살 돈을 쥐여 주었다. 보잘것없이 보이는 가난한 삶이라도 엄마, 가족, 사랑이 있는 한 객짓밥, 눈칫밥에 넘어질 때마다 오뚝이처럼 벌떡 일어설 수 있다. 언제라도 돌아갈 집이라는 희망이 있으면 다시 일어설 수 있다. 시인으로 살아낼 수 있다. 객짓밥, 눈칫밥, 밥벌이 걱정에 넘어질 때마다 우리도 시인과 함께 다시 일어설 수 있다.

내부 수리 중

글 쓰는 작업을 해본 이들은 공감할 것이다. 간혹 어떤 사물이나 동식물을 보다가 퍼뜩, 무언가 떠올라 만족할 만한 글이 써지는 행운이 따르기도 하지만, 보통은 고갈된 글감을 찾기 위해 늘 주변의 모든 것에 관심을 보이고 그 하나하나에 집중하고 살피는 노력이 필요하다는 것을. 대체로 후자의 머리 쥐어짜는 노력이 우선될 때 이따금 전자의 행운도 따르는 법이다. 마경덕 시인에게도 많은 고뇌의 창작 속에 퍼뜩 운이 따라온 시가 시집 『악어의 입속으로 들어가는 밤』 2부 마지막에 수록된 시 「내부 수리 중」이 아닐까 싶다.

"오른쪽 다리를 다친 시누이 / 친친 깁스를 하고 목발로 걸어와 / 아픈 다리에 / 어서 낫도록 몇 자 적어달라는데 // 서슴없이 매직펜으로 써 내려간 '내부 수리 중' // 박장대소에 시누이도 따라 웃는데 / 문득 "내부 수리" 라는 말이 가슴을 친다 // 세상 만물을 지으시고 / 내 머리칼도 다 세는 그분이 / 지금 /

설계도를 꺼내놓고 부러진 뼈를 맞추고 계신 것이다 // 자칫 공사 기간이 길어질 수도 있으니 / 뼈가 굳을 때까지 조심히 걸으라고 // '내부 수리 중' / 공사 팻말 하나 깁스한 다리에 세워 두었다"

깁스는 한 번 안 해본 사람이 있을까 싶을 만큼 흔하다. 그런 깁스에 낙서하기가 유행한 때도 있다. 불편과 지루함을 장난스러운 글을 보며 견뎌내라는 지인들의 애정인데, 방명록 역할을 하기도 한다. 시인도 시누이의 깁스에 글을 남긴다. '내부 수리 중' 공사장에서 흔히 보는 팻말 문구다. 이미 사람에게도 비유적으로 쓰이곤 해서 그다지 새롭지는 않다. 하지만, 시인은 퍼뜩 가슴을 칠만큼 큰 깨달음을 얻는다. 깨달음은 그렇다. 특별한 곳에서 찾으려 하지만 늘 보던 곳, 흔하디흔한 것에서 어느 순간 찾아오곤 한다.

세상의 만물을 창조주가 설계하고 만들었다면, 시는 시인이 설계하고 만든다. 고장 난 만물을 창조주가 수리한다면, 고장 난 시는 시인이 수리한다. 창조주와 시인은 설계자이기에 어디에서 문제가 생겼는지 가장 잘 안다. 자연치유 될 때까지 내버려 두기도 하고 기술자를 투입해 응급치료하기도 한다. 주의가 필요할 땐 다양한 방법으로 표식해놓는다. 시인은 창조주의 눈으로 창조물을 바라보며 순리에 따르기도 하지만, 거슬러 반기를 드는 의구심도 가진다. 시인에겐 순종과 반항의 균형 잡힌 양면성이 필요한 것이다.

"주름 많은 여자가 / 주름치마를 입고 거울 앞에 서 있어요 // 얼굴을 마주하면 불편한 거울과 / 솔직해서 속상한 여자의 사이에 주름이 있습니다 // 한때 미모로 주름잡던 여자는 / 두 손으로 구겨진 얼굴을 펴고 / 거울은 한사코 나이를 고백합니다 / 수시로 양미간에 접힌 기분은 흔적으로 남았습니다 // 주름진 치마는 몇 살일까요 / 저 치마도 찡그린 표정입니다 // 치마는 주름 이전만 기억하고 / 얼굴은 왜 주름 이후만 기억하는 걸까요 // 거울처럼 매끈해지려고 여자는 / 굳어진 표정을 마사지로 수선중입니다 // 접혀서 아름다운 건 / 커튼과 꽃잎, 프릴과 아코디언, 사막의 모래물결, 샤페이, 기다림을 꼽는 손가락… // 거울이 겉주름을 보여줄 때 속주름은 더 깊어집니다 / 여자와 거울 / 둘의 관계는 쉽게 펴지지 않아요 // 양미간을 찡그리는 습관보다 / 거짓말을 못하는 거울의 습관이 더 무섭습니다"

1부 열다섯 번째 수록된 시 「거울의 습관」 전문이다. 여러 각도에서 다양한 생각을 하게 하는 재미있는 시다. 거울은 유리처럼 맑고 투명하다. 하지만, 자신의 속을 보여주는 유리와 달리 거울은 절대 자신의 속을 보여주지 않는다. 얄미울 정도로 철저하게 반사만 할 뿐이다. 시인은 이런 거울의 성질을 습관으로 의인화했다. 그리고 이렇게 솔직한 거울을 팽팽하고 매끈할 때는 괜찮았는데 탄력을 잃어 쭈글쭈글해지니 보기 싫고 무섭다고 말한다. 요즘 세월을 포장하는 포토샵 기능을 가진 사진 앱이 인기 있는 이유와 같아 보인다.

거울은 지나치게 솔직하고 투명한 사람을 뜻하기도 한다. 보통 몸과 마음이 건강할 때는 어떤 말이나 행동에도 상처를 덜 받지만, 몸과 마음이 고장 난 상태에서는 무심코 던진 말 한마디, 웃음 하나에도 발끈해서 다툼으로 번질 수 있으니, 단절을 원하는 게 아니라면 조심하라는 경고 같다. 때론 있는 그대로의 거울보다 살짝 늘씬하고 매끈하게 왜곡된 거울이 정신건강에 도움이 되듯, 거짓인 줄 알지만 포장된 칭찬도 필요하다. 물론, 어떤 경우라도 거울과 솔직한 사람의 잘못은 없다. 하지만, 상처를 주면서까지 굳이 투명할 필요가 있을까.

가진 습성, 습관 때문이겠지만 시인은 내부 수리를 통해 우리가 가진 지나치게 차가운 습성, 습관, 솔직함을 조금 더 따뜻하게 고치면 좋겠다고 말하고 있다. 인간적으로.

2부
생각 가로등

산문 전성시대

옛날 옛적부터 지금까지 이야기는 흥미롭고 재미있어 많은 이들의 관심과 사랑을 받아왔다. 동화, 소설, 드라마, 연극, 영화 같은 상상력 넘치는 픽션은 물론이거니와 인생극장, 다큐, 전기, 수필, 칼럼 같은 논픽션도 타인의 삶을 통해 위로와 위안을 얻는 정서적 안정감이라는 측면에서 많이들 찾는다. 요즘은 산문집 출간이 대세인 듯하다.

최근 두 권의 산문집을 읽었다. 최영미 시인의 『아무도 하지 못한 말』과 김금희 소설가의 『사랑 밖의 모든 말들』이다. 두 명 모두 자신의 장르에서 유명인이며 베스트셀러 작가다. 독자 입장에서 그들은 무슨 생각을 하고 어떤 삶을 살까 궁금하기에 출간된 산문집은 명성이 광고가 되어 잘 팔린다. 어찌 보면 당연한 일로 부러운 부분이다.

두 권의 책은 에세이 전문 작가들이 오랜 시간 '어떻게 하면 독자들에게 좀 더 간결하면서도 가볍지 않은 문장으로 쉽게 다가가 감동과 위안을 줄까' 고민하고 연구하여 쓴 글들과는 결이 다르다. 시인이고 소설가라는 직업 특성상 독특한 그들만의 색깔이 있다. 그것이 낯설어 거북할 수도 있고 신선하게 다가올 수도 있다.

최영미 시인의 산문집 『아무도 하지 못한 말』은 그녀의 자유롭고 자기주장 확실한 성격만큼 독특하다. 한 소셜 네트워킹 SNS 활동을 위해 올렸던 짧은 글들이 주를 이루어서인지 날 것의 느낌을 주는 산문집으로, 투명 유리 상자 안에서 지나가는 이들에게 자신의 모든 것을 가감 없이 보여주는 쇼처럼 지극히 개인적이고 산만하다.

그러함에도 그녀의 산문집을 끝까지 보게 되는 이유는 최영미라는 작가의 저력을 알기에 가다 보면 뭔가 나오겠지 하는 기대와 설사 기대에 못 미치더라도 개인적 친근감을 느껴가기 때문이다. '나도 이렇게 평범해'하고 활짝 열어 보여주는 솔직함은 오히려 당당함으로 다가와 불안함을 덮는다. 개성 넘치는 그녀이기에 가능하다.

아무도 하지 못한 문단 내 성폭력 문제 등 정의로운 목소리 내기에 힘을 쏟아온 최 시인이 화장기 하나 없는 산문집을 통해 "여러분도 할 수 있어요. 어렵지 않아요. 함께 해봐요."라고 말하며 열어 놓은 빗장 안으로 의심 없이 성큼 들어가 그녀의 손을 잡고 그간 못 했던 말을 나눠보는 것도 나쁘지 않겠다.

너무 큰 기대를 하고 보면 작은 것에도 실망하게 되지만 큰 기대 없이 보면 작은 것에도 감동하게 된다. 이 책은 "저 이렇게 살았어요. 나의 가장 밑바닥, 뜨거운 분노와 슬픔, 출렁이던 기쁨의 순간들을 기록한……, 시시하고 소소하나 무언가를 만들어냈던 시대의 일기로 읽히기 바란다"는 작가의 말처럼 편안하게 읽어보길 권한다.

단거리선수 같은 시인들의 간결한 문장과 달리 소설가들은 장거리선수로 문장이 길다. 김금희 소설가의 산문집 『사랑 밖의 모든 말들』도 긴 호흡, 긴 문장으로 자전소설 한 편을 읽는 느낌이다. 그런데 소설처럼 재미있지는 않아 되돌려 읽거나 끊어 읽게 된다. 작가 본인의 말처럼 독자에게 읽힐 목적으로 쓴 글이 아니어서 덜 다정하다.

관심종자가 아니라면 대체로 자신의 민낯이 대중에게 드러나는 것을 꺼린다. 드러난 잡티가 상대에게 약점의 빌미를 제공할 수도 있기에 조심스러운 것이다. 그런 점에서 허구라는 보호 장치를 통해 얼마든지 하고 싶은 말을 과감하게 할 수 있는 멋진 위치에 있는 소설가가 굳이 일기 같은 산문집을 통해 자신을 드러내는 이유가 뭘까.

누구나 말 못 할 상처와 그늘이 있다. 그러나 간직해온 아픈 기억을 사랑으로 다독여 건전하게 드러내면 자유로워진다. 글 쓰는 일도 사랑이 없으면 낯부끄러운 작업이 된다. 그래서 김금희 작가도 사랑 밖의 잡다한 말들을 모두 쏟아내고 난 후에야 찾아오는 평안함으로 삶에 대한 사랑을 이야기하고 싶은 게 아닐까.

개성 있고 자기 주관 확실해 센 언니 같다는 공통점을 가지고 있는 두 작가의 산문집은 각자 접근방식이 달라 독자가 받는 느낌 또한 다르다. 한쪽은 훤히 드러낸 모습 그대로 자유롭고 가볍게, 한쪽은 꽁꽁 싸두었던 보자기를 천천히 펼치는 모습으로 신중하고 무겁게. 낯섦과 신선함으로 유혹하는 그녀들의 이야기를 중간에 끊고 나오기란 쉽지 않다.

사랑 밖의 모든 말들

저작권 양도 문제의 불공정함을 들어 권위 있는 국내 대표 문학상(이상문학상) 수상을 거부해 화제가 되었던 김금희 소설가. 그녀가 등단 후 11년 동안 써놓았던 개인적인 글들을 모아 첫 산문집 『사랑 밖의 모든 말들』을 출간했다기에, 호기심 반 기대 반으로 구매해서 읽었다. 그런데, 서문에서도 밝혔듯 읽어줄 사람을 생각한 다정한 글들이 아니어서 소설처럼 재미있거나 수필처럼 쉽게 읽히지는 않는다. 그래도, "이번만큼은 책 작업을 하며 어려운 시간들을 환기해야 하는 자신에게 더 온정의 마음을 쏟기로 했다."는 솔직함에 '많이 아팠구나' 측은한 마음이 들어 책을 쉬 내려놓지 못한다. 아픈 기억을 꼭 쥔 채 마흔이 된 작가의 지난날을 함께 걸으며 위로하고, 또 그녀의 고백을 통해 위로받고 싶은 마음에 기꺼이 동행한다.

김금희 소설가는 2009년 단편소설 「너의 도큐먼트」가 한국일보 신춘문예에 당선되면서 문단 생활을 시작했다. KBS 드라마스페

설로 방영되기도 했던 단편소설 「너무 한낮의 연애」 등 다수의 작품을 발표했고, 이름 있는 다양한 문학상을 여러 번 수상한 촉망받는 젊은 작가다. 가장 최근의 작품으로는 장편소설 『복자에게』가 있다. 이번 첫 산문집에서는 유년기와 가족 이야기, 문학적 영감과 여정, 사랑과 연애에 관한 마음, 사회문제와 노동에 관한 관심, 사색의 풍경 등 지극히 개인적인 자신만의 이야기를 담담한 목소리로 하나씩 오픈하여 들려준다.

> **"유이책보예용은 잘못을 저지른 사람이 해야 할 여섯 가지 행동에 대한 원칙이다. 그러니까, 유감을 표시하고 왜 그랬는지 이유를 말하고 그것에 대한 책임을 지고 보상을 하고 예방을 약속하고 용서를 구한다. 그리고 우리는 그가 그렇게 행동했을 때 비로소 용서를 해야 한다. 그 여섯 가지 중 어느 하나라도 빠져 있다면 용서를 행할 수가 없다"**
>
> **- 41쪽**

신년에 겪은 문학상과 관련한 부당한 일 때문에 잠을 자지 못하고 먹을 수가 없으며 감정이 통제되지 않아 치료를 위해 찾았던 한의원에서, 귀엽고 선한 인상의 여자 한의사에게서 들었다는 이 '유이책보예용'의 내용만으로도, 아직 용서되지 않아 불편한 작가의 심리를 엿볼 수 있다. 착한 척 강한 척 가면을 쓰지 않고 상처를 있는 그대로 드러냄으로 동조를 구한다. 그런데 이상하게도 주변을 둘러보면 '유이책보예용'을 행해야 할 사람은 별로 없고 받아야 할 사람들뿐이다. 진실이야 어찌 되었든 서로 남 탓만 하다 법정에서 피차 만신창이가 되고서야 시비가 가려지는 일을 종종 본다. 이렇게 자칭 피해자뿐인 강팍한 현실에서 위의 여섯 가지 행동 중 몇 가지라도 행하는 일이 쉬워 보이지만은 않는다.

"세상이 형편없이 나빠지는데 좋은 사람들, 자꾸 보고 싶은 얼굴들이 많아지는 것은 기쁘면서도 슬퍼지는 일이다. 그런 사람들을 사랑했다가 괜히 마음으로 거리를 두었다가 여전한 호의를 숨기지 못해 돌아가는 것은 나의 한계이기도 하지만 적어도 지금은 사랑하죠, 오늘도, 라고 말할 수 있다. 그리고 오늘은 채 끝나지도 않았지, 라고."

- 117~118쪽

상처들로 아파 미워지는 세상이지만 그래도 작가는 다시 훈훈하게 데워질 사랑을 꿈꾸며 사람에 대한 희망의 끈을 놓지 않는다. 겉모습은 자기 생각 확실하고 대차 보이지만, 속마음은 여리고 따뜻한 성품을 지녔음이 전해진다. 근본이 악하지 않다면, 우리 역시도 애정으로 대했던 상대에게서 상처받아 몇 배 더 미워하는 가슴앓이를 하다가도 시간이라는 용서 속에 잊고 다시 애정으로 대하기를 반복하며 살아간다. 지지고 볶고 싸우더라도 우리에게는 아직 마음의 온기가 남아있기 때문이다.

"어떤 말은 말하지 않음으로써 말해지고 누군가의 얼굴은 흐릿하게 지워짐으로써 더 정확히 지시할 수 있다. 영화 「윤희에게」에서 달의 형태가 여러 번 바뀐 뒤에야 보름달이 되어 완전한 모습을 드러내는 것처럼, 영화에서 그 만월까지의 시간은 아픈 윤희가 자신의 삶을 스스로 되돌아보고 진정한 자기 자신을 되찾기 위한 과정이 된다."

- 188쪽

서로 사랑했지만, 주변의 반대와 방해 속에 20여 년간 떨어져 영혼의 감옥 속에 갇혀 살아야 했던 윤희와 준. 많은 시간이 흐른 뒤에야 마주하게 된 두 사람의 모습은 만월처럼 빛난다. 작가는 20년을 한결같이 애절하게 그리워하던 그들의 사랑이 결국엔 이루어짐을 보며, 우리도 원하는 바를 간절히, 절실하게, 반복하여 떠올리다 보면 이룰 수도 있겠다며, 오늘도 최선을 다해 사랑 밖의 모든 말들을 동원해 사랑을 이야기한다. 그녀의 말에 귀 기울이다 보면 마음이 차츰 따뜻해져 옴을 느낄 수 있다.

아무도 하지 못한 말

1994년 첫 출간 시집 『서른, 잔치는 끝났다』로 일약 베스트셀러 작가의 반열에 오른 최영미 시인. 섬세하면서도 대담한 언어로 자본과 권력을 날카롭게 풍자하는 시를 쓴다는 문단의 평가와 함께, 서울대 학력을 가진 미모의 운동권 출신이라는 배경이 대중의 관심을 끌기에 충분했다. 그러나 그 후로 시집, 소설집, 산문집을 계속 발간하며 꾸준히 활동하였으나 처음만큼 주목받지는 못했다. 알고 보면 그럴 만한 이유가 있었지만.

그러던 그녀가 2017년 가을, 한 호텔에 무료투숙을 원한다는 편지를 보낸 일이 일파만파 커지며 논란의 중심에 섰다. 결국 지상파 방송에까지 나와 자신이 처한 상황을 설명하고 사과함으로 대중의 관심과 애정을 얻어내어 단순 해프닝으로 끝났다. 그런데 같은 해 겨울, 문단 내 거물급 시인의 성추행을 언급한 시 '괴물'을 발표함으로 또다시 엄청난 소용돌이를 일으켰고, 방송 출연도 불사하는 용기로 미투운동을 확산시켰다.

이렇게 자유롭고 솔직하며 뚜렷한 가치관과 자기주장이 강해 보이는 최영미 시인이 올해 초 산문집 『아무도 하지 못한 말』을 발간했다. 그간 매체에 발표했던 글과 페이스북에 올렸던 날것 그대로의 글까지 모아 놓은 책이다. 그래서 처음에는 '이런 글도 책으로?' 하는 낯섦이 들고 계속 읽다 보면 '생생하네!'하는 신선함이 더해진다. 꾸미지 않아도 당당한 저자의 모습처럼 글에서도 화장기를 전혀 찾아볼 수 없다.

"시로는 못 담은 말, 소설로도 다 못한 이야기를 담는 그릇이 산문이다. …… 세상과 넓게 소통하고 크게 부딪쳤던 내 삶의 궤적이 여기에 있다. 저 이렇게 살았어요. …… 나의 가장 밑바닥, 뜨거운 분노와 슬픔, 출렁이던 기쁨의 순간들을 기록한 시시하고 소소하나 무언가를 만들어냈던 시대의 일기로 읽히기 바란다."

- 작가의 말 中

책에는 문단 내 만연하던 성추행을 세련되게 거절하지 못하는 바람에 알게 모르게 왕따가 되어 우수도서에 오르지 못하고 찾아주는 문학지나 출판사가 없어 전전긍긍했던 이야기, 세무서로부터 빈곤층에게 주는 생활보조금 신청대상이라는 통보를 받고서야 자기 홍보를 위해 SNS를 시작하고 여기저기 강의 청탁을 하게 된 이야기, 월세 만기에 집을 비워달라는 집주인의 문자를 받고는 고민하다 미국 시인 도로시 파커처럼 호텔에서 살다 죽고 싶은 로망에 한 호텔에 편지를 보낸 일로 곤혹스러운 일을 치렀던 이야기, 문단 내 거물 시인의 성추행을 고발해 법적 소송으로 마음고생 했던 이야기, 직접 일인 출판사를 차리게 된 이야기 등이 나온다.

그런데 이야기는 소재별로 묶여있는 것이 아니라 날짜순으로 분산되어 있어 다소 산만하다. 남의 일기를 보듯 흥미로운 현장감은 있지만, 기승전결 정돈된 도서만 접해오던 독자 측면에서 보면 군데군데서 툭툭 튀어나오는 이야기와 두 줄부터 백여섯 줄까지의 자유로운 꼭지 분량, 그때그때 다른 문체 등이 낯설다. 그러나 저자가 무슨 생각을 하고 어떻게 사는지 궁금하거나 쉽게 읽히는 부담 없는 책을 원한다면 꼭 한번 읽어보길 권한다.

"짧고 쉽게 쓰는 일이 사실은 어려운 거야. 짧고 쉽게 쓸 시간이 없어서들 길고 어렵게 쓰는 거지. 좋은 글은 군더더기 없이 꼭 필요한 단어들로만 조합을 이루면 돼." 의사인 동생 최영주가 진행하는 유튜브 의학채널 '비온뒤'에 출연한 최영미 시인이 시에 대해 동생에게 한 말이다. 상황에 따라 다르겠지만, 문단 생활을 오래 한 고수들이 한결같이 하는 말이기도 하다. 그러니 어렵고 무거운 이야기를 쉽고 가볍게 써버린 최 시인은 고수다.

60세지만 여전히 젊고 급한 성격을 지녔다는데, 말할 때마다 한 번씩 눈동자를 돌리거나 고개를 갸우뚱하며 어눌한 말투로 천천히 신중하게 말하는 최 시인의 이야기를 가만히 듣다 보면 가식이나 포장 없이 솔직하고 정직한 생각이 그대로 드러나 신뢰가 간다. 유연한 감성과 자유로운 영혼을 지닌 천생 시인이지만 살기 위해 자존심을 내려놓고 몸부림치는 모습에 오히려 자신감, 뚝심, 용기, 강단이 보여 응원하게 된다.

문제를 알면서도 몸 사리느라 나서지 못하는 비겁한 군중들 속에서 결국 더 순수하고 더 책임감 있고 더 용기 있고 더 성격이 급한 사람들이 나서 총대를 메고 아무도 하지 못한 말을 하며 세상을 좀 더 정의로운 방향으로 바꾸어 나간다. 자신의 이익을 위해서 기회주의적인 삶을 살거나 권력에 비겁하게 아부하는 사람들보다는 약자와 다수의 이익을 위해서 용기 내어 말할 수 있는 최영미 시인 같은 사람들이 더 많아졌으면 좋겠다.

창의 숨결, 시간의 울림

갓 출간된 멋진 책 한 권을 만났다. 색상표의 그린 계열 #008C8C 정도로 물들인 모시 천 느낌의 양장본 표지가 먼저 눈길을 끈다. 이제 막 새순이 돋아나는 듯한 나뭇가지가 보이는 유리창, 반쯤 열려 한옥의 담과 그 너머 숲이 보이는 여닫이창, 그리고 아무것도 볼 수 없게 사각 모자이크 처리된 창, 이렇게 세 개의 창이 상단의 제목 '창의 숨결, 시간의 울림' 아래쪽으로 단아하면서도 세련되게 배치되어 그 안이 궁금해지게 만든다.

역시나 저자 민병일은 독일 함부르크 국립 조형예술대학교에서 시각예술을 전공한 재원으로 현재 홍익대, 동덕여대에서 학생들에게 현대미술을 가르치는 겸임교수로 활동하고 있다. 거기에 여러 권의 시집, 산문집, 사진집, 번역서를 출간한 시인이자 사진작가, 그리고 번역가이기도 하다. 한마디로 종합예술인이다. 그런 저자의 예술적 감각과 풍부한 상식이 『창의 숨결, 시간의 울림』에 총동원 집약되어 독자에게 질 높은 독서의 기쁨을 누리게 해준다.

"미적인 창을 찾아 방랑하는 오르페우스가 있었습니다. (중략) 세상에는 아름다운 창이 많았지만 오르페우스가 만나고 싶은 창은 박꽃 피는 마을 별들이 내려와 사는 창이나, 한적한 갯마을 파도 소리 깊은 창이나, 살아가는 시름과 세파 앞에서도 그 빛을 잃지 않는 창, 무의식의 저편에 꽃을 피우는 창, 낡고 허름한 창일지라도 미적인 정신이 반응하는 창이었습니다. 그는 창을 통해 세계 너머를 꿈꾸었고 낯설게 바라보는 창에서 존재의 이면을 보았습니다."

- 「프롤로그」 中

7쪽에 달하는 프롤로그 '창을 찾으러 간 오르페우스와 창에 비친 에우리디케'는 신화와 철학이 어우러진 한 편의 예술작품이다. 저자의 말처럼 우리 몸에도 밖을 내다볼 수 있는 무수히 많은 창이 생겨나고, 영혼에는 안을 들여다볼 수 있는 창들이 반짝이고 있다. 오르페우스처럼, 저자처럼, 우리 역시 어떤 창들을 원하고 있는지 세상과의 통로이면서 정신을 반응시키는 미적 공간인 '창'을 찾아 저자의 안내에 따라 여행을 떠나보자.

총 334쪽에 '고드름 달린 창의 풍경'부터 시작해서 '화포(花浦)의 창은, 화포 바다이다'까지 스물네 편의 작품이 실린 책은 다양한 사진과 그림들이 철학과 미학을 담은 글과 함께 요리조리 어우러지게 잘 배치되어 지루할 틈을 주지 않는다. 오랜 기간 숙성되어 저절로 진한 맛이 나는 장처럼 자연스러우면서 고급스러운 문체가 독자까지 고상하게 만들어준다. 시인 듯 산문인 듯 상큼하면서도 상쾌한 문장들이 빼어나게 아름답다.

저자 민병일의 창을 주제로 한 산문집은 이전에도 있었다. 이국의 창들을 모티브로 한 『창에는 황야의 이리가 산다』 역시 호평을 받으며 2017년 전숙희문학상을 받았다. 이번에 출간한 『창의 숨결, 시간의 울림』은 오롯이 모국의 창만을 모티브로 하고 있지만, 결국 두 책을 통해 저자가 하고 싶은 말은, 삶이란 창을 바라보는 일이고 어딘가 있을 창을 찾아 떠나는 방랑이며 내면을 들여다보는 창을 깨닫기까지는 시간의 숙성이 필요하다는 것이다.

사진, 그림, 시, 서사의 울림이 은은하게 퍼지는 아름다운 책 여행은 행복하다. 보고 느끼는 즐거움, 읽고 상상하는 쾌락이 해박한 저자의 설명과 함께 농익는다. 다만, 편마다 적게는 10여 쪽 많게는 40여 쪽의 글 분량 때문인지 사진을 좀 더 크게 감상할 수 없다는 아쉬움이 남지만, 살짝 남는 아쉬움이 오히려 궁금함을 갖게 하여 더 찾아보게 관심을 끄니 이 또한 나쁘지 않다. 사진만 커다랗고 글은 몇 줄 안 되는 것보다는 월등히 문학적이다.

"바닷가에 사는 나이 든 여인들이 봄 처녀 같단 생각을 했다. 생선 배 가르며 억척스레 산 세상, 꽃 같은 시절 지나 머리엔 서리를 이었고 몸도 예전 같지 않지만, 여인들은 기다림 속에 살아간다. 그녀들의 기다림의 실체가 만선의 깃발인지, 자식들

잘사는 것인지, 못다 이룬 사랑인지 알 순 없었지만 점방 하나 없는 바닷가에서 기다림을 잃지 않은 여인들은, 언제 보아도 가시내이며 봄 쳐녀이지 않을까?"

- 324~325쪽. 「화포(花浦)의 창은, 화포 바다이다」 中

민병일 작가의 산문집 『창의 숨결, 시간의 울림』은 안산문인협회가 개최한 출간 문인들을 위한 제32회 성호문학상 공모에 응모된 작품집으로 위원회와 심사위원들의 관심 끝에 뛰어난 작품들 속에서 대상에까지 올랐다. 이제 위드코로나시대에 접어들었으니 이야기가 있는 책 한 권 들고 전국 여행을 계획해봐도 좋겠다.

소리 내어 읽는 즐거움

어쩌다 지인들과 함께 서점이나 도서관에 가게 되면 읽을 만한 책 고르기가 힘들어 서성거리곤 한다. 고르더라도 집중하여 제대로 읽지 못하고 뒤적이다 내려놓기 일쑤다. 가보지 않던 길을 가려면 내비게이션이 필요하고, 해보지 않던 요리를 하려면 레시피가 필요하듯이, 수많은 책 중에서 내게 맞는 책을 고르는 일에도 안내서가 필요하다.

좋은 책을 고를 수 있도록 안내해주는 글에는 말 그대로 책 안내서, 그리고 서평, 비평, 평론 등이 있다. 이 중 비평과 평론은 학술적 분야에 가까워 일반 독자들이 가볍게 읽기엔 다소 어려움이 있다. 그래서인지 책 안내서와 서평을 많이들 찾는다. 요즘 서평 관련 블로거나 유튜버가 급격히 늘어나고 있는 것도 그런 이유에 기인한 것이지 싶다.

책 소개의 다양함 속에서 『소리내어 읽는 즐거움』이라는 특별한 낭독서가 있어 소개하고자 한다. 이 책은 한창 낭독이 유행하던 시기인 2016년에 발간되었다. 저자 정여울 박사는 독문학과 국문학을 전공했고, 계속해서 글을 쓰며 강의를 하고 있다. 또 책 낭독 라디오 프로를 진행하며 낭독의 중요성을 알린다.

그는 낭독을 하게 되면 오감이 활성화되어 감수성의 촉각이 살아나 집중력이 올라가고, 깨달음의 기쁨이 우울한 기분을 말끔히 날려 마음을 챙기는 효과를 발휘하며, 또 다른 나에게 이야기를 들려주므로 대화하는 느낌을 주어 심리 치료 요법으로도 간편하게 쓰일 수 있다고 말한다. 나아가 좋은 독서의 비결이 되기도 하고 글쓰기의 시작이 되기도 한다며 낭독의 힘을 강조한다.

> "소리는 눈보다 단어를 더 멀리, 더 깊이 실어 나른다. 소리 내어 발음해 보면 그 어느 하나 특별하지 않은 단어가 없다. 사소한 접속사 하나도, 눈에 잘 띄지 않는 조사 하나조차도 모두 싱그럽고 애잔하다."
>
> \- 16쪽

책은 여섯 파트로 나뉘어 총 99편의 작품이 소개되어 있는데 고전부터 현대문학까지 고르게 있으며 운문과 산문이 7:3 정도의 비율로 구성되어 있다. 앞부분에는 낭독하기 좋은 일부 구절을 실어 놓고 뒷부분에 저자의 짧은 감상이 덧붙여져 있는데, 보기도 좋고 읽기도 편안하다. 눈으로 그냥 읽어도 괜찮은데 저자의 취지대로 소리 내어 읽으면 얼마나 더 좋은지 시험해보자.

한 편 한 편 짧은 소개와 감상들이지만 읽고 나면 마치 99편의 작품을 다 읽은 착각에 빠지게 된다. 처음부터 읽어도 좋고 관심 가는 부분만 골라 읽어도 좋다. 좋은 작품의 명문장을 읽는 즐거움에 더해 쉬우면서도 수려한 감상 글을 보는 맛깔스러움도 있어 후회되지 않을 것이다. 전에 읽었을 때는 대충 보았던 작품을 다시 찾아 음미하기도 하고 몰랐던 작품을 알아가는 기쁨도 있으니 알짜배기 독서법임이 틀림없다.

…… 사랑은 보이지 않는 힘으로 내 지친 영혼을 어루만져준다(이원, '사랑 또는 두 발') / 터무니없이 어려지는 이 느낌, 참 좋다(김개미, '어이없는 놈') / 기다림조차 눈부신 사랑을 위하여(황진이, '동짓날 기나긴 밤을') / 정욕이란 본래 아름다운 것임을(박완서, '마른 꽃') / 반짝이는 대바늘이 보송보송한 이 불호청을 찌르는 소리(정영주, '삼솔뜨기') / 끝내 붙잡지 못한 것들, 여전히 목메이는 것들(백석, '흰 바람벽이 있어') / 아무리 힘든 일이라도 오늘만은 다 잊고(이미륵, '압록강은 흐른다') / 나를 잘못 간직했다가 나를 잃어버리고 말았으니(정약용, '수오재기') / 날 두고 가는 님은 가고 싶어서 가느냐(영화 '서편제') …….

99편을 다 소개할 수 없어 몇몇 작품의 소제목만 올렸다. 저자

정여울 박사가 일일이 달아놓은 소제목들은 한 편의 또 다른 아름다운 시가 되어 마음을 울린다. 명문장을 많이 읽었으니 명문장이 나오는 것이 어찌 보면 당연하다.

"이 책을 읽고 아름다운 우리말로 반드시 뭔가를 해내고 싶다는 새로운 꿈을 꾸는 독자들이 많아졌으면 좋겠다. 저마다 내가 사랑한 최고의 문장들을 서로 앞다투어 소개하고 예찬하느라 밤을 새는 정겨운 술자리가 많아졌으면 좋겠다."는 저자의 바람이 이 글을 읽는 독자들을 통해서도 이루어지길 바란다.

아름다운 글을 소리 내어 읽는 즐거움에 영혼이 맑아져 몸과 마음 모두 건강해진다면 안 할 이유가 없다. 거기에 나뿐만 아니라 타인의 삶까지도 어루만지는 훌륭한 치유법이라고 강조하지 않는가. 그래서 요즘 더더욱 낭독과 낭송의 전성시대가 되어가고 있는지도 모르겠다.

방법은 다양하지만 자기에게 맞는 독서법을 찾을 때까지 고수들의 조언에 기대보는 것도 나쁘지 않다. 곳곳에서 책 읽는 영상과 낭독하는 음향이 넘쳐나서 이 깊어가는 가을이 외로울 틈을 주지 않기를, 풍성한 가을이기를 바래본다.

나무를 심은 사람들

세상에는 베고 흩트리고 파괴하려는 사람이 있는가 하면 심고 모으고 유지하려는 사람이 있다. 베고 흩트리고 파괴하는 일이 꼭 나쁜 것만은 아니지만 짧은 시간 동안 쉽게 망가뜨린다는 인식에서 부정적으로 많이 쓰인다. 반면, 심고 모으고 유지하는 일은 장기간에 거쳐 힘들게 가꾼다는 인식에서 긍정적이다. 1952년 발표 이후 25개 언어로 번역되어 지금까지 널리 읽히는 『나무를 심은 사람』의 화자 '나'가 만난 양치기야말로 후자의 최적임자 같다.

'나'는 젊은 시절 고산지대를 여행하다가 황폐한 황무지에 끊임없이 도토리를 심는 쉰다섯 살의 한 양치기를 만난다. 그는 지난 3년간 도토리 10만 개를 심어 2만 개의 싹을 틔웠고, 그중 절반이 죽어도 1만 그루의 나무가 살아남을 거라고 말한다. 너도밤나무 묘목을 기르며 자작나무 심을 준비까지 하는 그의 모습에 '나'는 호기심이 일지만, 이듬해 1차 세계대전 참전으로 5년간 전쟁터에서 지내느라 그곳을 까맣게 잊는다.

전쟁이 끝나고 황무지를 다시 찾게 된 '나'는 양치기 엘제아르 부피에의 키보다 더 높이 자란 떡갈나무 숲, 자작나무 숲, 물이 흐르는 개울을 보고 놀란다. 기술 장비 하나 없이 홀로 이뤄낸 풍경에 할 말을 잃는다. 이후 '나'는 그가 여든일곱 살이 될 때까지 매년 그곳을 찾는다. 그리고 아무도 살지 않던 황무지가 1만 명이 넘는 사람이 모여 사는 가나안 땅이 되어가는 모습을 목격한다.

"위대한 혼과 고결한 인격을 지닌 한 사람의 끈질긴 노력과 열정이 없었던들 이러한 결과는 있을 수 없었을 것이다. 엘제아르 부피에, 그를 생각할 때마다 나는 신에게나 어울릴 이런 일을 훌륭하게 해낸 배운 것 없는 농부에게 크나큰 존경심을 품게 된다."

- 68쪽

저자 장 지오노(1895~1970)는 프랑스의 유명작가다. 경험이 바탕이 되어 쓰게 된 「나무를 심은 사람」은 짧은 분량이지만 완성까지 20여 년이 걸렸다고 한다. 엘제아르 부피에의 나무 심기에 기울인 노력만큼이나 심혈을 기울인 책이다. 그래서인지 출판 후 지금까지 70년을 한결같이 감동을 주는 인기도서로 자리를 지키고 있다.

두레출판사에서 개정2판으로 나온 책은 일러스트 작가의 그림이 많이 들어가 있어 그림책을 보는 듯한 시각적 즐거움이 있다. 그리고 적은 분량의 원고임에도 편집자의 말, 옮긴이의 말, 저자의 약력까지 더해 장정판으로 묶어 무게감을 주었다. 정보력에도 긍정적이다. 하지만, 내용을 중시하는 입장에서는 굳이 그렇게까지 할 필요가 있나 싶기도 하다.

무에서 유를 창조한다는 것, 모두가 포기할 때 희망과 소신만으로 묵묵히 자기 길을 간다는 것은 말처럼 쉬운 일이 아니다. 그러니 신에게나 어울릴 일을 해냈다고 하지 않겠는가. 대가 없이 한 행위, 즉 보상을 노리거나 인정받기 위해서가 아닌, 본인이 좋아서 수십 년을 끊임없이 했던 나무 심기가 황무지를 가나안 땅으로 만들었기에 감복과 감탄을 낳는 것이다.

자기 좋아서 하는 일이라도 모두에게 유익하지 않다면 이렇게까지 큰 감동을 주지는 않는다. 시작은 자기만족이었는지 몰라도 종국에는 모두에게 유익한 일이 되었기에 큰 감동을 주는 것이다. 그가 1, 2차 세계대전이라는 큰 전쟁 중에도 흔들림 없이 나무 심기에 전념할 수 있었던 것은 땅을 정말로 사랑하여 온통 땅 생각뿐이었기에 가능하지 않았나 싶다.

주변에 보면 뭘 저렇게까지 하나 싶을 만큼 은근과 끈기, 뚝심이 대단한 인물들이 있다. 그들 중에는 쓸데없는 일에 정열을 쏟아 눈살을 찌푸리게 하는 이들도 물론 있지만, 자기만의 도토리를 희생과 희망으로 심고 키우며 사랑을 실천하는 이들도 있다. 사랑은 어떤 열악한 상황에서도 헤쳐나갈 지혜와 힘을 준다. 양치기의 사랑이 맺은 결실이 증명한다.

이 책은 한 사람의 대자연에 대한 큰 사랑 이야기다. 자연도 그 사랑에 배신하지 않고 더 큰 사랑으로 보답한다. 감동이다. 황무지가 가나안 땅이 되기까지 그의 헌신과 노력, 고통을 어찌 우리가 다 알겠는가마는 자연에 대한 그의 사랑에 자연도 하늘도 감동했다는 사실은 알겠다. 혜택은 주변에 고루 돌아간다. 그러니 베고 흩트리고 파괴하려는 이보다는 심고 모으고 유지하려는 이가 더 많아지길 바란다. 「나무를 심은 사람」이 도와줄 것이다.

춥고 더운 우리 집

"집이란 무엇인가. 특히나 현대사회에서 집은. 돈인가? 집은 돈이다. 가질 때도 돈이고 팔 때도 돈이다. 집은 그냥, 돈덩어리다. 물론 돈이 될 때의 집은 그 이름이 집이 아닌 부동산이 되겠지. 집이 돈이 아닐 수 있는 방법은 없을까? 언제든 돈으로 바꿔치기할 수 있는 부동산으로서의 집이 아니라 집이 그냥 집인 집. 집이 그러면 안 되는 법이라도 있나? 물론 그런 법은 없지만, 집을 집이 아니라 부동산으로 만들지 못해 안달이 난 사람들 앞에서는 집을 집이라 하기가 왠지……. (중략) 옛날 우리 엄마 말로는 돈 많이 들어가는 일을 일러 '돈구덕'이라고 했다. 돈구덕인 집에서 돈하고는 아무 상관 없는 집으로의 탈출 방법은 없을까?"

- 110~111쪽 「집이란 무엇인가 · 2」 中

공선옥 소설가의 집에 관한 진솔한 경험이 담뿍 담긴 자전적 산문집 『춥고 더운 우리 집』을 읽다 보면, 싫든 좋든 그동안 우리가 살아왔던 집과 관련해서 떠오르는 아련한 추억과 함께 현재 살고 있고 앞으로 살아야 할 집에 대해 좀 더 심도 있는 생각을 하게 된다. 언제부턴가 돈벌이로 변질해버린 불안한 '부동산'에서 진정으로 편안한 쉼터인 '집'으로의 회귀를 꿈꾸게 된다. 부동산에 안달난 사람들에 휩쓸리느라 관심 없던 젊은이들까지 불안 속으로 끌어들였을지 모를 우리에게 반성과 함께 자유를 얻게 한다. 그리고 이제 집값 따위 생각 안 하고 정말로 살고 싶은 편안한 집을 그려보게 만든다. 누구나 생각하고는 있지만 표현하지 못했던 일을 공선옥 작가가 특유의 담백한 문장으로 설득 아닌 설득에 나섰다. 이 책을 읽고 집의 정상화에 가담하는 이들이 많아지면 좋겠다.

"내가 태어난 마을은 정확히 서향이다. 해는 언제나 우리 동네 뒤에서 떠서 앞으로 진다. 여름에는 서쪽으로 지는 해가 지세의 조건상 서향을 향해 앉은 집들을 가차 없이 공격한다. 겨울에는 북서풍이 몰아쳐서 문을 열면 방 안으로까지 눈보라가 쳐들어온다. 그런 집, 그런 동네에 살면서 내가 과연 행복했던 적이 있었을까. (중략) 내가 우리 동네, 우리 집이 아닌 곳에서 나고 자랐다면 나는 지금 어떤 사람이 되어 있을까를 가끔 생각해본다. (중략) 바로 그 조건이, 내가 글을 쓰는 이유가 아닐까. 살기 적합한 동남향이 아니라 서북 방향의 집처럼 '살기에는 적합하지 않은' 조건 속에 내가 사는 한 나는 계속 글을 쓸 것이다."

- 8~14쪽 「들어가며」 中

책은 총 3부로 구성되어 있는데, 1부 '나의 집과 시간들'에는 작가가 태어나서부터 거쳐온 옹색한 집들, 그러니까 구렁이가 나와서 달걀을 물어갔다는 북향 초가집, 사시사철 겨울 같던 부실한 부로꾸 잠실(蠶室)집, 아궁이에 물이 차던 요상하고 기괴한 집, 설렘과 불안으로 늘 붕붕 떠 있던 자췻집 식당 방, 울음을 참아낼 수 없던 공장 기숙사 고무줄 방, 저소득 취약계층을 위한 복도가 길던 영구임대아파트 이야기가 나온다. 2부 '집을 찾아서'에는 작가가 자신에게 맞는 집을 찾아다니는 과정에서 우연히 땅을 사고 집을 짓기까지의 고충이 담겨있다. 그러면서 집이란 무엇인가를 생각하게 되고, 곧 불만투성이였던 손볼 곳 많은 집, 시끌벅적 선량한 이웃이 많은 집이 좋은 조건의 집임을 깨닫는다. 3부 '밥이나 집이나 한가지로'에는 작가가 집을 짓고 살게 된 담양 수북에서 소박한 이웃들과 나누는 소소한 전원의 일상을 동화처럼 펼쳐 놓았다.

"운전수가 틀어놓은 라디오에서 서울의 집값이 오르고 또 올랐다는 뉴스가 나온다. 뉴스를 듣던 할머니가, 집도 밥같이 많애지면 노나야제, 도치기맹이로이. 굳이 뒤엣말을 생략한다. 할머니, 도치기가 뭐예요? 도치기가 도치기제. 혼자만 묵으면 도치기, 노나 묵으먼 부챗님. 아하, 도척이. 도둑놈, 도척이. 혼자만 먹으면 도척이, 나눠 먹으면 부처님. 집도 밥같이 노느면 을매나 조으까이. 집도 밥같이 혼자만 안 묵고 다 같이 노느면이. 할머니들의 말을 기사가 받는다. 그러면 세상에 뭣이 꺽정이겄소, 안 그렁게 문제제. 급니까, 안 급니까? 그려, 맞는 말이여. 노느면 좋지. 뭣이든지 노느면 참 좋아. 밥이나, 집이나. 밥을 그러듯이 집도 나누면 참 좋다고 말하는 할머니들이 주평리에서 내리고 대방리에서 내리고 오정리에서 내린다. 들판 길을 가로질러 부처님들이 가고 있다."

- 237~238쪽 「밥이나 집이나 한가지로」 中

땅 한 평 없는 아파트 한 채가 몇십억 원씩 하는 서울 강남의 집과 땅 몇백 평을 가진 수천만 원 시골집의 차이가 뭘까? 건물로 빽빽한 도심에서 전망이 좋으면 조망권, 숲이 있어 공기가 맑으면 숲세권이라 하여 프리미엄이 몇억씩 더 붙기도 하는데, 시골 전망과 공기만 할까? 어찌 보면 우리 모두 부동산으로 돈놀이하는 사람들에 의해 올바른 사고조차 할 수 없는 지경에 이른 것은 아닌지 뒤돌아봐야 하지 싶다. 나누지 않고 혼자 먹으면 도치기라지 않는가!

결핍이 주는 풍요

책을 많이 읽으면 글쓰기에 유리하다. 하지만 간접경험인 독서만으로 좋은 글이 나오는 건 아니다. 직접경험인 생활 속 체험이 풍성하면 글쓰기에 유리하다. 하지만 체험만으로 좋은 글이 되지도 않는다. 독서와 체험에 필력(筆力)이 함께 할 때 풍성하고 깊이 있는 글이 나오게 되는 것이다. 공선옥 작가의 작품들이 그렇다. 2021년 5월에 발표한 산문집 『춥고 더운 우리집』을 통해 그녀가 삶 속에서 이 세 가지 요건을 충족하게 된 배경을 확인할 수 있다.

"그러고 보니 나는 언제나 우리 집이 남의 집과 다른 것이 불편하고 부끄러웠다. 왜 아버지는 식구들을 늘 이상한 집에 데려다 놓는가. 비 오는 날이면 물을 퍼내야 하는 것이 부끄러워 그런 날이면 밤잠을 안 자고 있다가 날이 아직 새지 않은 신새벽에 부엌으로 들어가 물을 퍼냈다. 고이면 퍼내고 고이면 퍼냈다. 그래도 아궁이에 물이 고이는 집 덕분에 나는 책을 읽었다. 새벽에 물이 고이는 동안을 기다리며 선생님이 빌려주신 『이중섭

평전』도 읽고 강은교 에세이 『그물 사이로』도 읽었다."

- 38~39쪽 「아궁이에 물을 푸며 책을 읽다」 中

지긋지긋하던 과거의 결핍투성이 집들과 함께 궁색했던 환경을 되짚어보며, 그런 살기에 부적합한 조건들이 오히려 책을 읽게 했고 글을 쓰게 만들었다고 작가는 책을 통해 말한다. 앞으로도 계속 그럴 것이라고. 1963년 전남 곡성에서 출생한 그녀는 근대에 태어났지만, 환경 탓에 그 또래들보다 전근대적 삶을 살았는데, 어느 날 자신의 궁핍한 시절 이야기가 글이 될 수도 있겠다는 생각에 창작의 길로 들어서게 된다. 그리고 가난하고 소외된 이웃들, 특히 사회적 약자인 여성들의 이야기를 뛰어난 구성력과 생동감 넘치는 문장으로 현실감 있게 다루어 공선옥만의 깊이 있는 작품 세계를 이루게 되었다.

1991년 『창작과 비평』 겨울호에 소설 「씨앗불」을 발표하며 등단한 작가는 이후 지금까지 소설집, 산문집, 동화집, 평전, 공저 등 총 60여 권의 책을 출간했고, 여성신문문학상, 신동엽창작상, 오늘의젊은예술가상, 올해의예술상, 백신애문학상, 한국카톨릭문학상, 오영수문학상, 만해문학상, 요산문학상, 채만식문학상을 수상했다. 명실상부 대한민국 주요 작가 반열에 오른 것이다. 지긋지긋하고 부끄럽게만 느껴지던 궁핍하고 결핍된 삶이 글로 승화되는 과정에 값진 선물로 변했다. 그래서일까, 모든 걸 이룬 것처럼 보이는 작가는 아직도 결핍을 선호한다고 말한다. 결핍에서 오는 풍요의 맛을 아는 것이다.

"차가 없으면 시골에서 살 수 없을 것 같았다. 그러나 나는 지금 차 없이 살고 있다. 차가 없어서 생기는 불편함은 이제 좀 익숙해졌다. 얻는 것도 있다. 내게 차가 있었다면 볼 수 없었을 풍경. 읍내에서 닷새마다 서는 오일장에 가려면 군내버스를 타야 한다. 일반 마트에서는 구입할 수 없는 것들이 오일장에는 있다. (중략) 차가 없어서 생기는 불편함을 아무렇지 않게 받아들이기, 식재료 사서 냉장고에 쟁여놓고 싶은 욕망 끊어내기. 수북 살면서 필요한 두 가지를 우선 적어둔다. 이름하여, 수북이조."

- 135~140쪽 「수북이조(水北二條)」 中

자진하여 전남 담양군 수북면으로 이주해 집을 짓고 살게 된 작가는 이제는 시골 생활의 불편함을 즐기고 있다. 군내버스에서 만나는 풍경은 한 장면 한 장면이 모두 이야깃거리다. 노인들, 특히 할머니들이 주로 타는 군내버스 안엔 느림의 미학이 있다. 서로 이해하고 기다려주는 늘어짐 속에 생기가 넘친다. 그것을 공선옥 작가는 '시골 오일장 날의 버스 간에서 수시로 실시간 생방송으로 볼 수 있는 할머니의 동화'라고 지칭한다. 오일장에서 코너마다 펼쳐지는 상인들의 구수한 사투리 전술엔 웃음이 절로 난다. 일반 마트에선 볼 수 없는 정겨움이 넘치는 오일장에서 작가는 찬거리 대신 이야기 한 보따리 건져 나온다.

『춥고 더운 우리집』을 읽다 보면 공선옥 작가 특유의 현실감 있고 사실적이며 거침없는 문장으로 인해 읽기가 참 쉽고 편하다는 것을 느끼게 된다. 난독증이 있거나 주의 산만한 사람도 읽기 시작하면 이것저것 한눈팔 틈 없이 그냥 빨려들게 될 것이다. 또한 작가의 솔직함 때문인지는 몰라도 독서 후 개개인의 추억 소환 중 부끄러웠던 과거조차 에피소드로 치환하게 된다. 가난, 궁핍, 결핍, 수치, 모욕, 부끄러움 같이 숨기고 싶던 부정적 요소들이 어떤 경우엔 풍요로운 자산이 될 수도 있음을, 책 읽는 중간중간 깨닫게 된다. 소소한 이야기에서 오는 공감과 함께 나눌 이야깃거리도 많으니 여럿이 함께 읽고 토론해보길 권한다.

"나는 그러니까 너무도 진부한 이유에서 글을 썼던 것이다. 다른 무엇도 아닌, 가난하고 외로워서! 가난하고 외로운 나날들의 노동이 너무 힘겨워서. 그것이 서러워서. 그해 여름방학, 선풍기도 없는 방안에 틀어 앉아 안방에서 들려오는 아버지의 고통에 찬 앓는 소리를 들으며 나는 불현듯 글을 썼던 것이다. (중략) 선풍기도 없던 그 후덥지근한 여름밤에 서러운 기운에 가득 차서."

- 227쪽 「내 글쓰기의 첫날」 中

어젯밤 꿈에

지갑을 잃어버린 꿈을 꿨다. 그것도 같은 꿈에서 두 번씩이나. 엄밀히 따지면, 처음엔 통째로 잃어버렸다가 바로 찾았고 두 번째는 누군가 지갑 속 내용물만 훔쳐 갔다. 꿈이지만 속상하여 다급히 "도둑이야"하고 잘 나오지도 않는 소리를 지르다 잠이 깼다. 다행히 그대로 있는 현실 속 지갑에 안도하면서도 석연찮은 꿈 내용이 찜찜하여 해몽을 찾아보았다. 꿈보다 해몽이라고 자연스럽게 길몽 풀이 쪽으로 마음이 더 갔다.

평소 꾸는 꿈은 흔히들 말하는 개꿈이라 잠에서 깸과 동시에 잊어버린다. 그리고 기억한다고 한들 별다른 내용도 없다. 그런데 한 번씩 머리와 가슴을 동시에 강하게 잡아끄는 꿈을 꿀 때가 있다. 지극히 불편한 심리상태의 반영일 수도 있고, 지나 보면 소름 돋는 예지몽일 수도 있다. 그러니 그냥 무시할 수만은 없다. 프로이트, 융, 아들러, 라캉 같은 정신분석학자들의 꿈 해석과 이론, 종교적 선지자들이나 예언가들의 실제 기록이 이를 뒷받침한다.

예지몽인 경우, 개인의 영성 크기에 따라 큰 그림의 거시적 꿈을 꾸기도 하고, 사사롭고 세세한 미시적 꿈을 꾸기도 한다. 오늘내일 벌어질 일이 될 수도 있고 몇 달 후, 몇십 년 후의 일이 될 수도 있겠다. 하지만 당장 벌어질 일은 준비 부족으로, 먼 후일에 일어날 일은 망각으로 인해 암시된 미래를 바꾸기란 쉽지 않다. 굳이 앞일을 미리 알고자 할 필요는 없겠지만, 그렇다고 알게 된 미래를 무시할 필요도 없겠다. 조심하면 피해를 줄일 수는 있을 테니.

특별한 꿈을 꾸고 종일 그 꿈에 마음을 뺏겨 이리저리 해몽을 찾다 보니, 꿈 관련 도서가 여럿 보였다. 그중 독일 뮌헨 출생으로 뇌과학에서부터 철학, 심리학, 정신분석학까지 두루 섭렵한 슈테판 클라인 박사의 『어젯밤 꿈이 나에게 말해주는 것들』과 독일에서 10년 동안 자연 치유사로 활약했던 박기운 치유사의 『깨달음과 예지몽』이란 책이 시선을 끈다. 꿈이 말하는 것을 알고 깨달음을 얻어 예지몽까지 해석할 수 있다면 금상첨화겠다.

『어젯밤 꿈이 나에게 말해주는 것들』을 통해 저자는 누구나 매일 꿈을 꾸는데 그냥 꾸는 개꿈은 없다며, 우리가 꿈에 대해 알고자 하는 모든 것(part1)과 꿈이 우리에게 말하고자 하는 모든 것(part2)을 과학적 근거와 실례를 들어가며 상세하고 친절하게 알려주고 있다. 1900년부터 오늘날까지 110여 년간의 방대한 연구 사례를 바탕으로, 꿈에 관한 진실을 세 파트, 열다섯 장, 쉰여섯 조항으로 깔끔히 정리해놓아, 대체로 편안하게 읽을 수 있다.

반복되는 꿈의 힘을 제대로 활용하면 인생을 바꿀 수도 있다(part3)는 저자를 일단 신뢰하고 찬찬히 되풀이하여 읽어보면 도움이 되겠다.

"새롭고 놀라운 통찰 중 하나는 꿈이 우리가 미래를 헤쳐나가는 데 도움을 준다는 것이다. 꿈꾸는 동안 우리는 능력이 확장되고 뇌가 변화한다. 말 그대로 잠을 자면서 배우고 밤중에도 성격이 발달한다. 꿈은 우리가 누구인지 또 어떤 가능성이 있는 존재인지도 보여준다."

- 8쪽

『깨달음과 예지몽』은 잘 알려진 책은 아니지만 읽어두면 좋겠다. 저자는 예지몽을 통해 자신, 가족, 타인의 운명을 바꾼 사례와 요료법(소변을 이용하여 질병을 치료하는 민간요법의 하나)으로 각종 질병을 치유한 사례를 들어, 꿈이란 무엇인가(1부), 꿈의 상징적 의미(2부), 자연치유로 정복되는 질병들(제3부) 순으로 이야기를 풀어간다. 또한, 영혼 또는 정신은 이 세상에 일어날 일들을 모두 앎으로 인류의 공통적인 언어인 꿈을 통해 인간에게 알리고 있다고 말한다. 다소 낯설지만, 환상적인 경험이 되겠다. 여기에 상상력이 더해지면 빛나는 문화예술 작품이 나오게 된다.

개꿈인줄 알았던 잡다한 꿈들이 사실 심리상태를 반영하고 있었다니, 앞으로 어떤 꿈을 꾸든 잠에서 깨어 기억이 난다면, 꿈의 언어에 귀 기울여 불안, 초조, 욕망, 갈등, 불만, 분노 등의 스트레스로 지친 마음을 돌아보고 안정을 찾도록 다독여줄 필요성을 느낀다. 또한 꿈보다 해몽이라는 말처럼 좋은 꿈은 겸손히 받아 시기 타지 않도록 조심해야 하고, 나쁜 꿈 겸손한 자세로 조심하다 보면 피해를 줄일 수 있을 것이다.

지갑을 잃어버렸다가 찾았는데 다시 내용물만 도둑맞은 꿈을 두 권의 책을 읽고 여타의 해몽들과 상관없이 내 나름 분석해보니, 우선 심리적으로 몹시 안 좋은 상태가 분명했기에 그런 불안한 꿈을 연속으로 꾼 것 같다. 그리고 이후 곧 생각지도 못한 소속 단체의 불화와 파국으로 불안한 상황이 벌어진 것을 봤을 때, 예지몽도 맞다. 다행히 미리 꿈을 꾼 덕에 조심했더니, 그 상황에 휘말리거나 더 나쁜 상황으로는 가지 않았다.

누구나 매일 밤 꿈을 꾼다

"조상들은 자신의 꿈속 체험에 대해 그저 추측만 할 수 있었는데, 이제 우리는 그 체험을 과학적으로 연구할 수 있다. 바야흐로 꿈을 다시 삶의 한 부분으로 이해할 기회가 열린 것이다."

- 25쪽

슈테판 클라인 박사의 『어젯밤 꿈이 나에게 말해주는 것들』은 310쪽의 적지 않은 분량 안에 뇌과학, 철학, 심리학, 정신분석학까지 꿈에 관한 여러 연구 성과들을 풀어 소개하고 있다. 그렇다고 딱딱한 이론서는 아니다. 또 재밌는 해몽 책도 아니다. 고대부터 현대까지의 잠과 꿈에 관한 여러 연구사례를 예로 들어 설명해가며 자신의 견해를 말하는 부드러운 에세이 형식이다. 그래서인지 다소 난해하고 어려운 내용임에도 쉽게 속도를 내어 읽을 수 있다.

보통 번역서는 원서의 뛰어남에도 불구하고 번역의 매끄럽지 못한 부분으로 인해 읽기 불편할 수 있다. 그러나 이 책은 물리학과 철학을 전공하고 신춘문예 시 부문에 당선되어 작가로 활동하는 과학 및 철학 전문번역가 전대호 박사의 수려한 번역 실력 덕분에, 때로는 몽환적인 문학을 읽듯 신비하고 때로는 스펙터클한 연극이나 영화를 보듯 흥미진진하다. 어려운 내용이네 하면서도 상상의 나래 속에 술술 넘어가는 페이지가 이를 증명할 것이다.

사실 처음 이 책을 골랐을 때는 지난 밤 꾼 꿈에 대한 전문가적인 확실한 해몽을 기대해서였다. 인터넷에서 주로 볼 수 있는 사주풀이, 관상풀이 같은 내용의 꿈해몽 심화 편을 원한 것이다. 그런데 읽어갈수록 사람의 심리와 정신을 연결해서 꿈을 연구하고 분석 정리해놓은 과학적이고 철학적이며 거기에 문학적이기까지 한 내용 속으로 빠져들었다. 그러다 어느 순간 뇌세포들이 하나하나 만족해하는 묘한 느낌이 들었다. 심리도 안정되니 즐거워졌다.

책은 꿈을 무시했던 당신이 반드시 알아야 할 것들, 꿈이 우리에게 말해주는 것들, 어젯밤 꿈이 우리의 인생을 바꾼다는 세 가지 큰 내용으로 나뉜다. 그리고 세분된 내용을 모아 간단히 정리해보면 누구나 매일 밤 꿈을 꾸는데 그냥 꾸는 꿈은 없고, 우리가 잠들어도 뇌 회로는 잠들지 않고 좀비처럼 살아서 활동하니, 이것을 스스로 조종할 수 있도록 훈련하여 잘 활용하면 우리의 인생을 바꿀 수도 있다는 것이다.

"꿈은 깨어 있는 삶의 왜곡된 반영에 불과한 것이 아니다. 오히

려 꿈은 뇌가 감각의 연속적인 점화에서 벗어나자마자 어떤 표상을 산출하는지 보여준다. 꿈은 가능성을 가지고 하는 놀이다. 꿈속에서 우리는 자신이 구성한 현실 속을 돌아다닌다. 깨어난 뒤에 외부 세계에서 그 현실을 추구한다. 우리가 오래전에 꿈속에서 본 듯한 장소에 가고 또 그런 장면이 자꾸 반복되는 것은 어쩌면 이런 이유 때문일 것이다."

- 97쪽

저자는 그동안 과학자들이 램수면(선잠) 단계의 격동하는 꿈에만 열광하고 그보다 많은 고요한 단계인 백색 꿈에는 관심이 없었다며, 누구나 매일 밤 꿈을 꾸고 숙면 중에도 등대의 불빛이 주기적으로 반짝이듯 의식도 규칙적으로 켜지고 꺼지기를 반복하는데, 모래밭에 쓴 글씨가 바닷물에 씻기듯 망각하는 것이라고 설명한다. 그리고 꿈은 기억과 능력을 변화시키고 때로는 성격까지도 변화시킬 수 있다고 피력한다.

책을 읽다 보면 많은 사례와 주장들로 자칫 길을 잃을 수도 있다. 그럴 때는 내비게이션을 보듯 '차례'의 앞뒤 맥락을 살펴 가며 읽으면 도움이 되겠다. 중요하다고 생각되는 문장에는 밑줄을 긋거나 모퉁이를 접어놓아도 좋다. 포스트잇을 붙이는 것도 메모하는 것도 좋은데, 메모할 때는 반드시 페이지를 함께 표시해놓아야 헷갈리지 않는다. 다행히 이 책은 큰 제목, 중간 제목, 작은 제목들로 분류를 잘해놓아 필요한 문장 찾기가 어렵지 않다.

잠들어도 살아 움직이는 뇌의 회로들은 현실의 상황이나 감정을 반영하기도 하고 오감을 통해 과거를 소환하기도 하며 미래를 위해 준비훈련을 하기도 한다. 그런데, 꿈의 도움을 받아 자신을 더 많이 알고자 한다면 개별 에피소드에 휘둘리지 말아야 한다고 주의시킨다. 꿈속 경험은 여러 번 반복될 때 비로소 중요해지기 때문이라고.

꿈 연구는 발전의 발전을 거듭하더니, 현재 몽유병이나 기면증 같은 뇌 회로 이상에 의해 생기는 병과 외상 후 트라우마로 인해 발생하는 공황장애나 우울증 같은 병도 꿈을 이용한 뇌파 자극 치료를 통해 어느 정도 호전시킬 수 있다고 한다. 더구나 자각몽을 통해 꿈을 스스로 조절할 수도 있다고 하니, 앞으로의 연구가 더욱 흥미진진 기대된다.

"평범한 꿈속에서 우리는 꿈의 가상 세계를 현실로 느끼기에 아바타를 아바타로 알아보지 못한다. 그러나 자각몽 상태에서는 현실이 두 개로 나뉜다. 한 의식 상태에서의 경험과 또 다른 의식 상태에서의 경험이 동시에 이루어지기 때문이다."

- 275쪽

카프카의 문학과 비틀스의 음악, 그리고 에디슨의 발명, 아인슈타인의 발상 등이 쪽잠을 자며 꾼 영감의 도움이라면, 이제 우리도 잠과 꿈의 힘을 빌려 창작이나 연구의 불꽃을 피워 볼 만하겠다.

횡설수설하지 않고 정확하게

똑같은 내용이라도 누가 어떻게 설명하느냐에 따라 귀 기울여 듣고 싶기도 하고 더 듣고 싶지 않기도 한다. 어려운 학문도 이야기처럼 쉽게 전달하는 이가 있고, 간단하고 쉬운 이야기도 배배 꼬아 도통 무슨 말을 하는지 모르게 하는 이도 있다. 그러니 누군가를 설득하고 못 하고는 순전히 말하는 이의 설명하는 기술에 달렸다고 볼 수 있겠다.

"설명은 과학이다. 이해하기 어려운 설명에는 반드시 이유가 있고, 알기 쉬운 설명을 만드는 데에는 '공식'이 존재한다. 그리고 그것을 익히면 누구나 알기 쉽게 설명할 수 있다."

- 「프롤로그」 中

『횡설수설하지 않고 정확하게 설명하는 법』의 저자 고구레 다이치는 20년 넘게 '이해하기 쉬운 설명은 어떤 것인가?'를 생각하고 고민한 결과, 설명은 소통 능력, 밝은 성격, 목소리의 크기와 태도,

센스와는 관계없이 어떤 과학적인 공식이 존재한다는 사실을 깨달았다. 그래서 설명하는 일에 어려움을 겪고 있는 이들에게 그 공식을 나누는 실천을 하고 있다.

1장은 설명을 제대로 못 하는 이유로, 주절주절 늘어지는 지루함과 정리되지 않아 초래하는 혼란, 그리고 단어 나열에만 급급해 관심을 끌지 못하는 사소함을 든다. 그래서 이해하기 쉽게 설명을 잘 하려면, 상대가 '내 일'이라 생각하게 만들고, 전하고자 하는 내용을 정리하여, 상대방이 알아듣기 쉽게 전달하기의 세 요소가 필요하다고 말한다.

2장은 '15초밖에 없다면 무엇을 전달할 것인가'를 생각해서, 상대의 가장 절실한 부분을 포착하여 상대가 필요로 하는 이야기나 득이 되는 이야기를 상대의 상황을 고려해가며 한 문장으로 집약해 짧은 시간 안에 전달하는 '15초의 법칙'을 권한다.

3장은 어떤 이야기든 쉽게 설명하는 공식으로 '텐프렙(TNPREP)의 법칙' 6단계를 소개한다. 하고 싶은 이야기의 주제(Theme), 수(Number), 요점·결론(Point), 이유(Reason), 구체적 예(Example)를 단계별로 전달하고 요점·결론(Point)을 반복함으로 끝맺는 법칙이다.

4장은 표현을 쉽게 풀어주는 방법으로, 이해하기 쉬운 단어로 말하기와 상대가 알고 있는 단어로 바꿔(치환) 말하기를 든다. 구체적으로는 명사를 동사로 바꾸기, 외래어와 약자 자제하기, 같은 단어 반복해 강조하기, 전문용어 쉽게 풀기, 이미지(심상) 맞추기 등이 있다.

5장은 내용을 파악하고 납득하는 과정을 거치더라도 재현할 수 없으면 진짜 이해한 것이 아니기에, 잘못 전달된 부분은 상대가 헷갈리지 않도록 구체적이지만 쉽게 다시 설명해주라고 한다. 반면, 아무 말을 하지 않고도 상대방을 움직이는 고도의 기술도 소개한다.

6장은 이해 부족에서 오는 분쟁을 없애려면, 설명의 길고 짧음보다는 서로 다른 인식의 차이를 메워야 한다며, 상대방이 착각할 만한 내용에 대해서는 먼저 설명하고, 오해가 없도록 불필요한 말은 줄이라고 권한다.

"자신이 생각하는 바를 스스로의 언어로 타인에게 전달하지 못하면 뒤처진다. 나는 그 점에 위기감을 느끼고 이 책을 썼다."

- 「에필로그」 中

이 책은 요즘 젊은 사람들이 좋아할 만한 작은 사이즈(가로12cm, 세로18.5cm)에 두께(1.5cm)도 적당하고 디자인도 깔끔해서 들고 다니며 읽기에 좋다. 내용이 쉽고 간결하며 예시를 통한 전달력도 높다. 하지만, 거슬리는 부분도 있다.

4장에서 분명하게 어려운 단어를 풀어쓰라며 외래어 자제하기, 명사를 동사로 바꿔쓰기, 전문용어 쉽게 풀어쓰기를 예로 들어놓았는데, 책 곳곳에 그렇게 하지 않는 오류가 보여, 번역에 대해 아쉬움이 남는다. 그러함에도, 간결하고 쉬운 내용이 자기 생각을 상대에게 옮기기 힘들어하는 이들에게 분명 빠른 도움을 줄 것이다.

『횡설수설하지 않고 정확하게 설명하는 법』과 같은 종류의 소통 관련 책은 많다. 필요 목적에 따라 자신에게 맞는 책을 골라 계속해서 읽으며 실행하다 보면 어느새 소통의 달인이 되어 있을 것이다. 그러나 소통의 달인이 되더라도 도무지 답이 없는 불통의 사람들과 만나면 상당한 곤욕을 치러야 하니, 불통하려는 이들이 우연이라도 이 책을 만나기를 바란다.

똑똑한 선택을 이끄는 힘 '넛지'

언젠가 경북경찰청에서 노인을 상대로 한 범죄를 예방하기 위해 "할매·할배 안전송"을 만들어 시골 마을회관과 노인정을 찾아다니며 나눠주고 있다는 기사를 읽었다. 보이스피싱, 교통안전, 떴다방, 노인 학대에 대한 예방을 담은 노래로, 모르는 번호 '받지 마라', 교통안전 수칙 숙지하여 '조심해라', 떴다방 사기 수법에 '속지 마라', 노인 학대 참지 말고 112에 '신고해라' 총 네 곡이다. 쉽고 흥겨운 멜로디와 가사를 통해 딱딱한 치안 정책을 긍정적인 방향으로 유도하여 정책 흡수력을 높이고 있어 흥미로웠다. 넛지 효과다.

'팔꿈치로 살짝 찌르다'의 뜻을 가진 넛지(nudge)는 어떤 일을 강요하기보다는 스스로 자연스럽게 행동을 변화하도록 하는 유연한 개입을 말한다. 경제학자 리처드 탈러와 법학자 캐스 R. 선스타인이 2009년 출간한 행동경제학 저서 『넛지 : 똑똑한 선택을 이끄는 힘』에서 집중적으로 소개돼 널리 알려진 개념이다. 저자 리처드 탈러는 행동경제학의 체계화로 2017년 노벨경제학상을 수상했다.

행동경제학은 기존의 경제학에 심리학을 접목한 학문으로, 인간의 심리가 경제적 선택에 영향을 미친다는 것이다.

예를 들어, 남자 화장실을 깔끔하게 만드는 소변기의 파리 그림, 사람이 걸을 때마다 음악 소리가 나는 건강 계단, 선 간격을 점차 좁혀 자연스럽게 속도를 줄이고 사고까지 줄이는 S자 도로, 아무 데나 버리던 쓰레기를 없애는 농구 골대 모양의 휴지통, 기다리는 시간을 잘 활용하도록 만든 은행이나 관공서의 번호표 등 넛지 이론과 전략은 곳곳에서 다양하게 쓰인다. 큰돈 들이지 않고 초기설정만 살짝 바꿈으로 사람들의 자유의지를 존중하면서도 긍정적인 태도 변화를 끌어낼 수 있다. 남자 화장실에 "화장실을 깨끗하게 쓰시오"라는 문구보다는 소변기에 파리 모양 스티커를 붙여놓는 게 훨씬 효과적이다.

누구나 훈계의 대상이 되는 것을 좋아하지 않는다. 명령하는 말투와 행동에 알레르기성 거부감을 일으키기도 한다. 강요하듯 하라고 하면 하기 싫어하고 하지 말라고 하면 더 하고 싶어 하는 반항심도 생긴다. 타에 의해 억지로 한 행동은 잠재적 불만이 쌓여 있기에 언젠가는 활화산 터지듯 부작용을 일으킬 수도 있다. 그래서 스스로 알아서 할 때가 가장 안전하고 효과적이다. 이런 대중의 심리가 정부 부처, 공공기관, 시민단체 등의 정책에도 넛지로 두루 접목, 활용되어 효과를 톡톡히 보고 있다.

리처드 탈러는 모든 넛지가 좋은 목적을 위해 쓰여야 한다며 그러기 위해 넛지 사용에 있어 다음 세 가지 원칙은 꼭 지켜져야 한다고 강조한다. 첫째, 투명해야 하고 오도해서는 안 된다. 둘째, 참여하고 싶지 않다면 언제든지 쉽게 빠져나올 수 있어야 한다. 셋째, 유도된 행동이 사람들의 삶을 더 낫게 만든다고 믿을 만한 충분한 근거가 있어야 한다. 이 세 가지 원칙에서 하나라도 벗어나면 넛지는 피싱이 된다.

넛지라는 이름 아래 이뤄지는 민간 기업 활동 가운데 잘못된 정책, 옳지 못한 상술이 종종 눈에 띈다. 건설, 금융, 언론, 문화, 교육, 서비스업 할 거 없이 자신들의 이득만을 위해 대중이나 고객의 마음을 교묘히 이용한다면 그것은 사기(피싱)에 해당한다. 인간관계도 마찬가지다. 자신의 이익을 위해 타인을 이용하여 위험에 빠뜨리는 행위는 사기(피싱)다. 상대를 배려하고 좋은 관계로 이어가려 할 때 넛지가 작용하는 것이다.

넛지와 피싱을 구별하는 것은 우리 대중의 몫이다. 하지만 정부 부처, 공공기관, 시민단체 등에서 경북경찰청의 "할매 · 할배 안전송" 같은 넛지를 적극적으로 활용해준다면, 민간 기업들이 고객에게 인정받는 투명한 기업 활동을 해준다면, 위험과 불만은 줄고 안전과 행복은 커져 긍정적이고 건전한 사회가 될 것이다. 개인도 자신의 이익보다 공공의 이익, 타인에 대한 배려를 앞세우려 노력해야 한다.

최근 협회 회원들 사이에 적지 않은 금액의 기부와 물품 기증의 바람이 불고 있다. 시 보조금이 작년 대비 50% 삭감된 데다가 현금성 시상을 할 수 없게 한 시책으로 전국 백일장을 치르는 데 많은 어려움을 겪고 있는 집행부의 노고를 알고, 한 명이 짐을 덜어주려 나서니 그것이 자발적 릴레이 참여로 이어지게 된 것이다. 기부와 기증은 해주고 싶다는 마음이 솟아야 가능하다. 알게 모르게 넛지가 곳곳에서 선한 영향력을 끼치고 있다.

당신과 조직을 미치게 만드는 '썩은 사과'

조직에 지속해서 문제를 일으키는 사람이 있다. 그 또는 그녀는 강하다. 독하다. 고집이 세다. 웬만해선 그를 이길 수 없다. 그는 다른 사람이 한 일을 인정하려 들지 않는다. 꼭 자신이 나서서 훈수라도 둬야 직성이 풀린다. 내로남불(내가 하면 로맨스 남이 하면 불륜), 아전인수(제 논에 물 대기, 자기에게만 이롭게 함)의 전형적 모습을 보인다. 이미 자신의 말이나 행동이 법이라고 여기기에 비양심적, 비윤리적 행동도 그럴싸한 이유를 달아 즐긴다. 부끄러움이나 죄책감이 없다. 그런 그에게 조언이나 충고 따위는 통하지 않는다. 오히려 역으로 공격할 빌미만 제공할 뿐이다.

그런 그의 행태를 지켜볼 수만은 없는 양심파, 정의파들이 하나 둘 나서보지만 역부족이다. 오히려 다치고 상처 입어 만신창이가 된다. 그러다 보니 차츰 지쳐서 조직을 떠나거나 조직 내에 머물더라도 이제 그의 어떤 행동에도 제재를 가하려 들지 않는다. 모르쇠로 일관한다. 그의 기세는 점점 커진다. 마침내 그의 추종 세력까지 생겨난다. 이제 조직은 원래의 색깔을 잃고 그에 의해 좌지우지된다. 더이상 그곳은 조직원들을 위한 곳이 아니다. 그에 의해 놀아나는 곳엔 검은 그림자가 드리운다. 역겨운 냄새가 진동한다. 처음엔 냄새에 민감하던 이들도 차츰 무뎌진다.

이런 문제적 인물이 조직원 중 한 명만 있어도 큰일인데 리더가 그렇다면? 아마도 그 조직은 거의 구제 불능의 상태에 이를 것이다. 그렇다고 포기해야 하나? 그렇지 않다. 다행히 이런 문제적 인물을 연구하고 분석하여 대응하는 방법까지 친절하게 알려주는 책이 있어 소개한다. 미국의 경영학자 미첼 쿠지와 심리학자 엘리자베스 홀로웨이가 함께 연구 분석하여 쓴 『썩은 사과(당신과 조직을 미치게 만드는)』. 이 책은 '썩은 사과'로 비유되는 문제적 인물을 키우는 조직의 환경과 특성, 그로 인한 손실을 분석하여 통계적으로 밝혀놓은 책이다. 더불어 확실한 대응 방법과 전략을 제시해주고 있다.

썩은 사과는 업무 생산성을 떨어뜨리는 장기간의 행동을 통해 개인, 팀, 나아가 전체 조직을 병들게 하는 문제적 인물을 의미한다. 썩은 사과는 두 얼굴을 가지고 있어 잘 드러나지 않는다. 별 영양가 없어 보이는 하부 조직원들에게는 썩은 부분을 보이고 악취를 풍기며 위협하지만, 영향력 있어 보이는 세력에게는 친절하고 멋진 모습만을 보인다. 그래서 썩은 사과에 속고 있는 줄 모르는 리더 세력은 썩은 사과를 마냥 보호하려 든다. 썩은 부분을 보게 되더라도 충고와 조언으로 고칠 수 있다고 생각한다. 하지만 썩은 사과는 절대 고쳐지지 않는다. 그뿐만 아니라 반드시 조직에 손실을 입힌다. 비록 유능한 모습을 보이며 단기적 성과를 낸다고 하더라도 그것은 닥쳐올 손실에 비하면 빙산의 일각이다. 썩은 사과는 혼자 썩지 않는다. 그대로 방치하면 전체를 썩게 한다.

조직을 아예 망가뜨리고 무너뜨릴 수도 있는 이런 썩은 사과에 대처하는 방법은 그럼 무엇일까? 단도직입적으로 말해서 조직 전체가 대응하는 것이다. 일대일 대응, 팀 대응도 필요하지만, 전체가 대응할 때 효과가 가장 크다고 책은 연구 결과를 밝힌다. 포기, 적응, 타협, 무관심 등 소극적 대응에서 적극적으로 대응하는 조직으로 문화를 바꾸는 것만이 근본적인 해결책이 된다. 그래야 썩은 사과를 퇴치하는 것은 물론 다시는 썩은 사과가 발붙일 수 없는 건전한 조직 환경을 만들 수 있다. 조직이 스스로 변화하거나 해결할 수 없을 때는 전문가의 도움으로 더욱 쉽게 해결하는 방법도 있다. 그리고 썩은 사과 퇴치와 함께 치유가 동시에 시작되어야 완전히 벗어날 수 있다고 말한다.

2011년 11월 서종기 전문번역가에 의해 번역본으로 출간되어 우리나라 각계각층 독자들로부터 충분한 공감을 얻어낸 책 『썩은 사과(당신과 조직을 미치게 만드는)』을 읽을 땐 각성하여 고치려 노력하다가도 손에서 놓으면 다시 포기하게 되는 나약한 우리에게 이 책은 옆에 두고 읽고 또 읽어 외워놓아도 좋을 필독서 같다. 그동안 문제적 인물을 보고도 감싸주거나 못 본 척 넘어가던 리더와 조직원들이 있다면 책을 통해 생각과 행동에 변화가 있길 바란다. 멀쩡한 사과까지 썩어 조직이 전부 썩기를 원치 않는다면 이제부터라도 힘을 모아 함께 해결해나가면 좋겠다.

천재를 어떻게 버려?

천재란 선천적으로 보통 사람보다 아주 뛰어난 정신 능력이나 재주를 가진 사람을 말한다. 천재는 한 분야에 뛰어나다. 그래서 창조적이다. 앞을 내다보는 기술이 있다, 섬세하여 작은 것도 잘 살핀다. 영역을 넘나들며 연결하는 능력이 있다. 실수를 두려워하지 않는다. 영감을 자극하기 위해 단순화시키는 능력이 있다. 그래서 아인슈타인처럼 대체로 실적이 크거나 성공한 인물을 주로 다룬다.

그런데 여기 천재를 다르게 해석하고 이야기하는 이가 있다. 바로 역사학자 이덕일 박사다. 그는 많은 것을 외우고 있는 사람이 아니라, 대다수 사람이 상식이라고 믿는 개념과 구조에 반기를 들고 싸운 사람들을 천재라고 말한다. 그리고 조선 시대 생존 당시에는 주목받지 못했거나 왜곡되어 버림받았던 비운의 천재들을 찾아 『조선이 버린 천재들』로 재조명해놓았다.

이 책은 '2017 안산의 책'으로 선정되어 그해 한 해 안산시민들에게 특별히 주목을 받았다. 그래서 필자는 이전에 선정되었던 책들처럼 대중적이리라는 편안한 마음으로 접했다가, 생각보다 잘 읽히지 않아 애먹었다. 딱히 어려운 단어는 없는데 왜 안 넘어갈까? 역사학자의 쉽지 않은 문체가 일정 수준 이상의 지적 독해력을 요구하여 그런 듯하다. 그래서 오래도록 옆에 끼고만 있다가 얼마 전 작심하고 다 읽어버렸다.

그 시대의 틀을 깨고 왕도정치를 꿈꾼 비운의 혁명가 정도전, 죽음으로 맞서 천주교를 지키려 한 정하상, 노동의 가치를 아는 자가 정치를 해야 한다는 신념으로 직접 농사지으며 백성의 가난을 구제하려 한 이익, 신하로서 임금을 내쫓을 순 없다며 끝까지 광해군에 대한 의리와 절개를 지켜낸 유몽인 등 스물두 명의 천재가 나온다. 안산의 인물 성호 이익 선생도 있어 책이 더욱 친근하다. 그들이 우리에게 묻는다. "너희들의 시대는 나의 시대와는 다른가?"

시대를 앞서갔던 그들에겐 공통점이 있다. 뛰어난 이론가, 학자, 실천가였다. 현실의 불합리함에 타협하지 않았다. 시대를 넘어 닫힌 시대의 상식을 거부하고 열린 시대를 꿈꿨다. 모두가 "예"라고 대답할 때 "아니요"라고 말할 수 있는 용기와 결단력을 가졌다. 말과 행동으로 불러올 불이익에 당당히 맞섰다. 세상에 제대로 쓰이지 못했다. 그들의 사고와 신념은 당대에는 빛을 발하지 못하지만 후세에 변화를 가져오고 재조명되어 교훈과 감동을 준다.

당시에는 실패한 인생이었을지 몰라도 그들이 남겨준 소중한 정신적 유산을 접하고 보니 우리 또한 후세들을 위해 어떻게 살아야 할지 고민하게 된다. 뛰어난 사고와 행동하는 실천력을 가지고 있는데도 불구하고, 생각이 튀고 나와 다르다는 이유로 배척하고 비하하는 사회적 분위기로 우리의 미래를 암울하게 하지 않도록 이제 우리가 나설 때다. 역사를 바로 알면 미래가 보인다.

다행히 미래는 밝다. 시대가 달라졌기 때문이다. 소셜 네트워크의 발달로 지배적인 수직적 사회에서 평등한 수평적 사회로 급속히 변해가고 있다. 이제는 저 높은 곳에 계신 분들조차 서민들의 눈을 가리고 아웅 할 수 없다. 그러다 큰코다치는 경우를 종종 보지 않는가! 빠르고 정확한 정보력에 이제는 모두가 뛰어난 이론가, 학자, 실천가다. 그러니 모두가 천재인 세상이 온 것이다.

실제로 요즘 '천재'라는 단어가 유행처럼 번지고 있다. 얼굴 천재, 연애 천재, 미소 천재, 애교 천재, 선행 천재, 공연 천재, 요리 천재, 방송 천재, 유행어 천재, 심부름 천재 등 그 사람이 지닌 장점이 하나라도 있으면 '천재'를 붙여 쓰곤 한다. 나쁘지 않다. 각기 다른 개성을 인정하고 장점을 살려 나누는 삶을 사는 천재들의 세상에서 어떻게 천재를 버릴 수 있겠는가!

누구는 소셜 네트워크의 발달로 미래에는 바보들의 세상이 올지도 모른다고 걱정도 하지만 필자는 그렇게 생각하지 않는다. 인간은 모든 어려움을 극복하고 아름다운 미래를 만들어 갈 것이다.

3부
이야기 가로등

딸에 대하여

좋은 소설은 매력적인 문장, 재미있는 줄거리, 긴장감 주는 구성, 철학적 사고, 거기다 문학성까지 갖춰야 한다. 이런 글은 독자뿐 아니라 전문 문학인과 학자들도 좋아해서 권위 있는 상을 받곤 한다. 좋은 소설을 쓰는 일은 무척이나 고된 작업으로 자기학대에 가깝다. 재능이 있더라도 노력하지 않으면 살아남기 힘들기에 끊임없이 연구하고 탈고해야 한다. 수십, 수백 번의 탈고를 거치다 보면 몸 여기저기 상하지 않은 곳이 없다고들 한다.

2017년 출간된 김혜진 작가의 『딸에 대하여』는 좋은 소설이다. 30대의 젊은 작가가 직접 쓴 글이 맞나 싶을 만큼 주인공인 60대 중년여성의 심리를 너무나도 잘 표현했다. 영화나 드라마로 만들면 제대로 소화해낼까 우려될 정도로 문장이 깔끔하고 섬세하고 찰지다. 노인요양원과 성 소수자라는 다소 무거운 소재를 일인칭 주인공 시점을 통해 거북하거나 과한 느낌 없이 차분하게 잘 연결해가는 구성 능력도 돋보인다. 신동엽문학상을 받을 만하다.

"내 삶 속에서 태어나서 한동안은 조건 없는 호의와 보살핌 속에서 자라난 존재. 그러나 이제는 나와 아무 상관 없다는 듯 굴고 있다. 저 혼자 태어나서 저 스스로 자라고 어른이 된 것처럼 행동한다. 모든 걸 저 혼자 판단하고 결정하고 언젠가부터 내게는 통보만 한다. 심지어 통보하지 않는 것들도 많다. 내가 아는 것들, 내가 모른 척하는 것들. 그런 것들이 딸애와 나 사이로 고요히, 시퍼렇게 흐르는 것을 난 매일 본다."

-36쪽

동서고금을 막론하고 자식을 위한 희생쯤은 당연시해온 엄마들. 자식의 행복이 곧 자신의 행복이라 여기며 희생한 죄밖에 없는데, 자식들은 뜻대로 커 주지 않는다. 쌓이는 생채기로 몸과 마음은 낡고 병들어 점점 더 삐걱거리는데, 제 살길 바쁜 자식들은 돌아봐 주지 않는다. 그래도 엄마라는 이유로 밉고 얄미운 자식들이지만 끝까지 사랑하기를 포기하지 못한다. 나이와 관계없이 엄마가 되면 누구나 공감하는 사실이다.

주인공 '나'의 말 못 할 큰 수치와 근심은 딸애가 성 소수자라는 것이다. 제 자식 낳아 엄마 노릇 한번 못 해보고 차별과 혐오 속에 힘들게 늙어가다 홀로 외롭게 죽어가는 요양원의 독거노인 '젠'처럼 될까 무섭고 걱정되는 것이다. 자기 한 몸 추스르기도 벅찬 '나'에게는 함께 뜯어말려 줄 남편도, 독립시킬 돈도, 안 보고 살 용기도 없다. '나'의 근심은 아랑곳하지 않은 채 성 소수자를 위한 데모에

앞장서느라 일도 못 하는 딸이 한없이 밉고 아프다.

'잘 키운 딸 하나 열 아들 안 부럽다'라는 말이 유행하던 때가 있었다. 자식을 하나만 낳게 하려는 국가 출산 정책에서 나온 말인데 요즘 세태에 잘 맞는다. 아들 낳으면 국내 여행 가고 딸 낳으면 해외여행 간다고들 하지 않는가. 그러면, 주인공처럼 딸 때문에 가슴앓이하는 사람들은 잘못 키운 것일까. 아들딸을 떠나 자식은 어디로 튈지 모르는 자유로운 영혼들이다. 평범하게 살아주면 감사하겠지만 그렇지 못한다고 하더라도 어떻게 할 방법이 없는.

인정하지도 못하고 받아들이지도 못하는 어정쩡한 자세로 계속 밀리는 '나'와 자신들의 생각대로 당당하게 밀어붙이고 사는 딸애와 딸애의 그녀. 대조적이다. '나'는 딸과의 갈등이 깊어질수록 요양원에서 돌보던 독거노인 '젠'에게 정성을 쏟는다. 데모하다 다친 딸과 열악한 환경으로 내몰린 '젠'을 보며 '나'는 용기를 낸다. 피 한 방울 섞이지 않은 '젠'을 집으로 데려와 딸과 딸의 그녀와 힘들게 동거한다. 그러면서 서로에게 조금씩 익숙해져 간다.

학업, 진로, 혼사 문제로 부모와 자식 간에 다투다 심하면 의절하기도, 노부모를 모시는 문제로 부부, 형제간에 다투다 심하면 남보다 못한 원수가 되기도 한다. 사랑으로 이루어진 가족이라도 서로 생각이 맞지 않을 수 있다. '나' 역시도 혈육인 딸과는 맞지 않는다. 그러나 전혀 남인 '젠'의 마지막은 스스로 나서서 돌본다. 딸의 그녀 역시 딸을 사랑한다는 이유로 차갑고 냉정하며 모욕적인 말을 내뱉는 '나'와 아무 관계성 없는 '젠'에게 차분하고 살갑게 잘 대한다. 사람 관계는 알 수가 없다. 앞일도 알 수가 없다.

이 책은 중년 여성의 심리를 너무도 잘 이해하여 썼기에 나이 들어감의 피로에 지쳐있는 많은 중년에게 공감과 위로를 준다. 그리고 중년의 가치관에서는 받아들이기 힘든 청년들의 개성 또한 조금씩 익숙해져 이해하게 해준다. 익숙해진다고, 이해한다고 받아들이는 것은 아니라는 주인공의 말처럼 타인의 사고를 모두 받아들일 수는 없지만, 이해한다는 것은 한발 다가가는 일이기에 관계 개선에는 도움을 주겠다.

읽는 내내 떠오르는 얼굴, 하고 싶은 말이 많아진다.

우리들의 '젠'에 대하여

김혜진 작가의 장편소설 『딸에 대하여』를 읽으며, 주인공이 생활비를 벌기 위해 간병인으로 일하는 요양원에서 독거노인 '젠'을 돌보는 이야기가 나올 때마다, 친정아버지가 입원했던 요양병원의 비릿한 환경이 떠올라 속이 울렁거렸다. 아버지는 80대 중반을 넘기며 눈에 띄게 노쇠해지더니 작년 초 갑자기 쓰러지셨다. 임종의 고비는 넘겼지만 혼자 거동할 수 없는 중한 상태라 절차처럼 요양병원으로 옮겨졌다. 그리고 시설에 있는 노인 환자들의 마지막이 그러하듯, 시간여행까지 시작된 아버지도 그 낯선 곳에서 벗어나려고 몸부림치다가 입원 석 달여 만에 가족들이 없는 새벽 시간 쓸쓸히 생을 마치셨다.

'젠'은 젊은 시절 미국에서 공부하고 유럽에서 활동하다가 귀국 후엔 자신과 상관없는 사람들을 보살피느라 평생 독신으로 산 멋진 여성이다. 그런데 독거노인으로 늙어 병들고 치매까지 진행되자, 더는 그녀로 인한 후원금을 받을 수 없게 된 요양원 관계자들에 의해 열악한 환경으로 내몰린다. 그런 상황이 주인공은 의지할 데 없는 자신의 초라한 앞날이자 성 소수자인 딸의 험난한 미래 같아 모른 척할 수만은 없다. 그래서 자신도 해고된 마당에 '젠'을 찾아내어 자신의 집으로 데려와 정성껏 돌보다가 햇살 좋고 바람 선선한 날 평온히 잠들 수 있도록 돕는다.

가족이 있건 없건, 많건 적건, 늙고 병들면 쓸쓸해진다. 끝까지 돌봐줄 사람이 있으면 조금 덜 초라하게 생을 마감할 수는 있겠지만 대체로는 그렇지 못하다. 제 살기 바쁜 자식들이 병든 부모의 마지막을 계속해서 지켜내기란 쉬운 일이 아니다. 그래서 적지 않은 비용을 내면서도 대신하여 보살펴줄 요양시설을 찾게 되는 것이다. 하지만 시설들은 대체로 영리가 목적이라 기대에 못 미치는 환경이 많다. 그런 면에서 요양원에서조차 외면당한 '젠'이 자신의 간병인이었던 주인공을 통해 마지막을 안락하게 보낼 수 있었던 것은 큰 행운이다.

새벽부터 울리는 전화를 외면했었다. 면회가 줄자 친정아버지는 새벽마다 자식들의 전화번호가 저장된 단축번호를 누르셨다. 갇혀 있으니 구출해달라는 뻔한 내용이라 며칠 내로 찾아봬야지 생각하고 무시했다. 그런데 다음날 큰오빠로부터 아버지가 돌아가셨다는 전화를 받았다. 결국 나는 임종을 지키지 못한 불효자가 되었다. 그래도 계실 때 할 만큼 했고 전화를 안 받고 임종을 못 지킨 건 어쩔 수 없는 일이었다며 스스로 위로했다. 오히려 목회자였던 아버지의 부음은 그토록 원하던 하늘나라에 가신 일이니, 축제라고 여기며 안도했다. 그때는 그랬다.

"그 더러운 요양원에 그대로 두었으면 벌써 죽어버렸을 여자. 이만큼 상태가 나아졌다는 건 좋은 일이지. 세상에. 이렇게 멀쩡한 사람을 그렇게 산송장 취급하고."

- 186쪽

'젠'은 행복한 노인이다. 기저귀조차 제때 갈아주지 않는 방치된 환경으로 몰려 쓸쓸히 죽어갈 뻔했는데, 간병인과 환자라는 인연 하나로 주인공의 집에서 마지막을 편안하게 마무리할 수 있었으니, 기억하든 못하든 복 받은 일임이 틀림없다.

우리 아버지도 마지막을 '젠'처럼 평온하게 해드렸더라면 얼마나 좋았을까, 책을 읽으며 그동안 들지 않던 후회가 일었다. 그래서 옆에 있던 남편에게 시부모님만큼은 절대 남의 손에 맡기지 않고 내가 마지막까지 돌봐드릴 거라는 엄청난 약속을 해버렸다. 남편은 횡재라도 한 듯 밝은 표정을 감추지 못했다.

책에는 '젠'의 예고된 죽음 외에도 직장동료 성 씨와 셋방에 살던 독신 여성의 갑작스러운 죽음 이야기가 나온다. 예고치 못한 죽음까지야 어떻게 할 수 없지만, '젠'이나 우리 아버지처럼 예고된 죽음에는 정리할 시간이 남아있으니, 후회가 남지 않도록 최선을 다

할 기회가 있는 셈이다.

'젠'은 우리 부모의 모습이기도 하고, 곧 다가올 우리의 모습이자 미래 우리 자식들의 모습이기도 하다. 한 줌 흙으로 돌아가더라도 최선을 다해 열심히 살아왔으니 마지막은 조금이라도 평온하게 지내다 갈 권리가 있지 않을까. 그것이 존엄사가 되었든 자연사가 되었든, 또 요양시설에서든 가정에서든지 간에. 뭐든 마무리가 중요하니까.

> **"젠이 가져다준 평화. 잠깐의 휴전. 그것은 젠이 마지막으로 주고 간 것이 되어버렸다."**
>
> **- 187쪽**

동성애 딸 커플과의 동거가 가져다주는 불쾌함과 어색함으로 속앓이하던 주인공에게 어쩌면 '젠'을 돌보는 일은 돌파구였을지도 모른다. 그리고 함께 젠을 돌보고 보내는 일을 하는 사이 자연스럽게 익숙해져 가는 고요한 순간이 오게 된 것이다. 무언가에 집중하다 보면 다른 것들은 하찮게 여겨지기도 하니. 죽음 앞에 다른 무슨 중요한 일이 있겠는가.

일의 기쁨과 슬픔

"그달 25일, 월급이 들어오지 않았다고 했다. 거북이알은 유비카드 포인트를 조회할 수 있는 홈페이지에 접속했다. 회장의 한마디에 정말로 월급이 고스란히 포인트로 적립되어 있었다. 그 커다란 숫자를 보는 순간, 거북이알은 심장께의 무언가가 발밑의 어딘가로 곤두박질쳐지는 것만 같은 모멸감을 느꼈다고 했다. 그녀가 내게 물었다. 회사에서 울어본 적 있어요?"

- 51쪽

주인공인 '나(김안나)'는 회사에서 운영하는 앱 서비스 '우동마켓(우리 동네 중고 마켓)'에 하루에만 백 건의 판매 글, 그것도 중고가 아닌 새 상품을 올리는 '거북이알'의 정체를 알기 위해 거래를 가장한 만남을 갖는다. 그리고 유비카드사의 로고와 함께 '혜택기획팀 차장 이지혜'라고 쓰인 사원증을 멘 단아한 외모의 그녀에게서 상상 초월의 이야기를 듣게 된다.

공연기획팀 차장으로 루바의 내한 공연을 성사시켜 특진을 약속 받았으나, 인스타그램 셀럽인 회장이 첫 공지글을 회사에 뺏겼다고 심술을 부려 승진은커녕 혜택기획팀으로 발령을 내더니, 그것도 모자라 월급을 포인트로 지급하도록 조치하여, 그때부터 생활을 위해 포인트로 직원 할인가 물건을 사서 중고마켓에 팔아 현금을 만든다는 웃픈(웃기지만 슬픈) 사연이다.

2018년 창비신인소설상을 받은 장류진 작가의 단편소설 「일의 기쁨과 슬픔」은 입소문처럼 소셜 네트워크를 통해 젊은 층을 위주로 큰 호응과 인기를 얻었다. 2020년 11월에는 KBS 드라마스페셜로 방송되기도 했다. 일의 압박과 인간관계의 갈등에서 오는 스트레스 속에서 나름 자유와 행복을 만들어가는 등장인물들의 이야기가 씩씩하고 당당하게 다가온다.

대가를 받든지 받지 않든지 우리는 끊임없이 일하며 살고 있다. 나름의 이유와 신념을 가지고 있다면 그 일이 직업이든 봉사든 취미활동이든 만족하며 할 것이다. 하지만 그렇지 못하다면 불만과 불평이 스멀스멀 올라와 점점 커지는 불안감으로 내외적 갈등을 겪게 되기도 한다. 더는 기쁘지 않은 일은 우리의 영혼을 갉아먹는다. 기쁘게 일해야 하는 이유다.

"회사에서 울어본 적 있어요?"

회사 다니며 일 때문에 울어보지 않은 사람이 어디 있겠는가. 회사뿐이겠는가. 가정에서도 학교에서도 심지어 교회나 절 같은 종교 시설에서도 울 일은 생긴다. 봉사하는 곳이라고 울 일이 없겠는가. 사람이 있는 곳은 어디든 울 일이 생긴다. 아무도 없어도 외로움에 운다. 사람이기에 운다. 슬퍼도 울고 기뻐도 운다. 살아보니 운다는 것은 그래도 건강하다는 의미다.

독을 품은 사람은 눈물이 없다. 복수의 핏줄만 세운다. 독과 복수가 긍정적으로 쓰이면 자기 발전에 도움이 되겠지만, 부정적으로 쓰이면 여러 사람을 다치게 한다. 남을 망가뜨리려 하다 보면 자기 자신도 망가진다. 그래서 세상을 오래 사신 어른들 말씀이 가장 멋진 복수는 용서이고 가장 큰 복수는 스스로 잘되는 일이라고들 하지 않는가. 행복하게 살아야 하는 이유다.

기획자인 '나(김안나)'는 개발자인 '케빈'과의 갈등으로 운 적이 있다. 그래서 그가 껄끄러웠다. 하지만, '이지혜(거북이알)'와의 만남 후 케빈이 좋아할 만한 레고 스타워즈 시리즈 다스베이더 트랜스포메이션을 구매해 선물한다. 케빈의 시선이 '나'의 운동화 쪽으로 향했다. 내성적 개발자는 대화할 때 자기 신발을 보고 외향적 개발자는 상대방의 신발을 본다더니.

갈등을 푸는 방법에 정답은 없다. 각자에게 맞는 방식으로 풀어가면 된다. 어떤 이에게는 대화가 어떤 이에게는 침묵이 통한다. 관심을 줘야 할 때와 무관심으로 대처해야 할 때가 있다. 끌려가 줘도 될 때가 있다면 꼭 끌고 가야 할 때도 있다. 이 선을 잘 지킬 수 있다면 일에서 오는 기쁨과 슬픔 모두 거름이 되어 먼 후일 황홀한 꽃을 피울 것이다.

젊은 작가가 IT업계에서 7년 동안 일한 경험을 바탕으로 쓴 소설집 『일의 기쁨과 슬픔』이 한국을 대표할 만한 '하이퍼 리얼리즘' 소설이라고 평가받으며 인기를 얻고 있는 것처럼, 세상에 흔들리지 않고 피는 꽃이 어디 있겠는가. 경험하지 않고 얻는 결과가 어디 있겠는가. 그러니 지금 가장 힘든 거 같아도 작품 속 등장인물들처럼 씩씩하고 당당하게 자신의 행복과 자유를 만들어가다 보면 좋은 날이 올 것이다. 반드시 그렇게 될 것이다.

밝은 밤, 그녀들 곁으로

한동안 영화 보기의 편안함과 즐거움에 푹 빠져 책 읽기를 등한시했다. 그러다 강의 때문에 2022년 안산의 책으로 선정된 『밝은 밤』 외 몇 편의 책을 필독하게 됐다. 책이 소재가 되는 토론, 필사, 서평 부류의 강의는 독서가 필수다. 그런데 갈수록 노안이 심해져 책 읽기가 쉽지 않다. 돋보기를 껴도 조금 지나면 눈앞이 뿌예지고 안구도 쉬이 건조해진다. 이제 억지로 하지 않으면 못 할 일이 된 책 읽기, 특히 장편 읽기에 서글픈 마음마저 든다. 하지만, 억지로라도 당분간은 책을 손에서 놓지 않게 되었으니 그나마 다행이고 감사할 일이다.

젊은 작가 최은영의 장편소설 『밝은 밤』은 작품성과 대중성을 고루 갖춘 베스트셀러다. 작가는 4대로 이어지는 모계(母系), 그러니까 증조할머니(삼천이), 할머니(영옥이), 엄마(미선이), 나(지연이)의 서사를 이 소설에 담았다. 서술자 '나'가 22년 만에 우연히 만나게 된 할머니 영옥를 통해 증조할머니, 할머니, 엄마의 애달프고 외로운 삶을 알아가면서 불편했던 엄마와 자신의 관계, 소원했던 엄마와 할머니의 관계를 이해하게 된다. 그리고 엄마, 할머니, 증조할머니의 삶을 수용함으로써 서로의 아픔을 치유해 간다.

세상이 많이 변했다고는 하나, 여전히 호적용 부계(父系) 역사에 익숙한 우리에게 모계의 역사를 거슬러 올라가는 일은 낯설다. 필자 역시도 평산신씨 후손으로 족보 기록을 통해 신씨 가문에 대해서는 어느 정도 알고 있지만, 순천김씨의 후손인 엄마 쪽에 대해서는 아는 게 별로 없다. 부계 사회에서 엄마든 외할머니든 외증조할머니든 다른 성을 가진 여자들은 그다지 중요한 위치에 있지 않았다. 그러니 40년도 훨씬 전에 돌아가신 외할머니에 관해 기억나는 게 별로 없는 게 이상한 일은 아니다. 그런 점에서 이 소설은 낯설다.

작가는 2016년에 한 인터뷰를 통해 옛날에 이 땅에 살았던 여성들의 이야기를 써보고 싶다는 바람을 밝힌 바 있다. 그리고 5년이 지난 2021년 7월 장편소설 『밝은 밤』을 출간했다. 그녀의 바람은 이뤄졌고, 우리는 덕분에 좋은 작품을 접할 수 있게 됐다. 모계 4대의 이야기에 어떤 이들은 페미 소설인가 싶어 거부감을 느낄 수도 있지만, 그렇지 않다. 일제 강점기부터 지금까지 힘없는 나라에서 보잘것없는 여자로 가진 것 없이 악착같이 살아온 우리의 엄마들, 우리의 할머니들의 이야기다. 그런 점에서 이 소설은 또 낯익다.

어찌 보면 진부할 수도 있는 소재인데, 작가는 이런 진부함을 모계 4대의 이야기라는 특별한 설정과 그녀들의 우정, 사랑, 삶을 대하는 태도를 현대와 과거를 오가며 진지하고 편안하게 보여줌으로써 낯섦과 낯익음이 적절한 조화를 이뤄 독자를 멀미 나지 않게 한다. 간혹 연극처럼 억지스럽게 이야기를 꿰맞추려는 부분도 없지 않아 있지만, 그 부분은 소설적 장치로 이해하고 넘어갈 만큼 모계 4대의 스토리가 다양하고 탄탄하다. 100년에 걸친 4대 여성들의 내적 갈등과 외적 갈등도 이 극을 끌어가는 주요한 부분이다. 갈등은 많을수록 좋다.

서술자 '나'가 증조할머니와 외모도 성격도 빼어나게 닮았다는 설정은 모계 4대를 잇는 결정적 연결고리다. 22년을 만난 적 없던 할머니가 나를 알아본 계기가 되었고, 증조할머니의 이야기가 시작된 부분이기도 하기에. 엄마와 할머니, 그리고 어릴 때 죽은 언니가 닮았다. 좋아했던 사람을 닮은 이에게는 정이 가지만, 싫어했던 사람을 닮은 이에게는 불편한 마음이 든다. 자신을 닮은 사람에게도 역시 긍정적 부분에는 끌리지만, 부정적 부분에는 반감이 든다. 소설 곳곳에서 보이는 모습들인데, 실제로도 그런 일은 많이 일어난다.

소설에서 유전적 요인이 유독 모계 쪽에서 많이 나오는데, 유전은 부계뿐 아니라 모계에서도 이뤄진다는 점을 부각하고 싶은 작가의 의도로 비친다. 또한 4대로 이어지는 여성 혈족들에게 있어 남자는 대체로 부정적이라 그리 좋은 동반자의 역할을 하지 못한다.

그렇다고 앞서도 언급했듯이 페미 소설은 아니다. 증조할머니의 이웃이자 친구였던 새비 할머니의 다정다감한 남편을 모두가 좋아했던 걸로 볼 때, 남성중심적 시대에 소외당한 한 맺힌 여성들의 삶이 사실적으로 표현되었다고 보는 게 맞겠다. 실제로 그 시대에는 그랬으니까.

『밝은 밤』을 읽고, 100년에 걸쳐 여성들의 삶이 차츰 나아지더니 이제는 살만해졌음에 감사한다. 요즘 남자들은 대체로 새비 할머니 남편처럼, 아니 그보다 훨씬 다정다감하다. 딸을 가진 입장에서는 다행이지만, 아들을 가진 입장에서는 살짝 걱정도 된다. 필자 역시 지금 독서와 글쓰기로 한창인데, 동반자는 청소와 요리로 한창이라, 미안함과 고마운 마음이 반반 든다. 다음 시간에 모계 4대에 걸친 그녀들의 삶에 좀 더 깊숙이 들어가 보고자 한다.

밝은 밤, 이어지는 이야기

왕족, 양반(문관·무관), 중인(전문직·기술직), 상민(농민·상인·수공업자), 천민(기생·광대·노비·무당·백정)으로 나눠진 조선 시대 신분제는 특별한 이변이 없는 한 대를 이었다. 갑오개혁을 통해 공식적으로는 폐지되었지만, 민족의 암흑기였던 일제 강점기를 거쳐 해방이 올 때까지 여전히 관습으로 남아있었다. 가장 낮은 계급인 천민 중에서도 동물을 잡거나 사람의 목을 치는 백정은 같은 천민들 사이에서도 무시당하던 최악의 계층이다.

최은영의 장편소설 『밝은 밤』의 서술자 나(지연이)의 외증조모(이정선=삼천이)는 그런 천하디천한 백정의 딸로 태어나 막아줄 울타리 하나 없이 그대로 일본 군인들에게 끌려갈 처지에 놓이는데, 천주님을 섬기던 옹기장이의 아들 외증조부(박희수)가 그녀의 딱한 처지에 집안의 반대를 무릅쓰고 결혼함으로써 보호자 역할을 한다. 신분을 넘어선 순수한 젊은 남녀의 결합은 아름답게 시작되지만, 녹록지 않은 현실을 살아가는 내내 고통이 되기도 한다.

가는 곳마다 백정의 딸이라는 사실이 알려지며 차별과 따돌림을 받아 고통스럽고 외로웠던 삼천네 가족에게 새비네 가족은 다른 이들을 전혀 신경 쓰지 않고 진심으로 대해주는 유일한 이웃이자 친구다. 가장들의 우정은 아내들의 우정이 되고, 두 집안의 우정은 자녀들에게로 이어진다. 삼천네 딸 영옥과 새비네 딸 희자의 삶이 달라지며 소식이 끊겼지만, 서술자 '나'의 수소문으로 두 집안은 연결된다. 요즘 보기 드문 아름다운 이웃이다.

고향이 삼천이라 '삼천이'로 불렸던 외증조모의 호기심 가득하고 당당한 생김새와 행동을 그대로 빼닮은 '나'를 22년 만에 우연히 만난 외할머니 영옥은 금방 알아본다. 그리고 손녀에게 일제 강점기, 해방, 6.25라는 민족상잔의 파란만장한 시대를 살아낸 증조모의 이야기를 들려줌으로 모계 4대를 연결한다. 소설을 읽으며 시대의 아픔을 고스란히 온몸으로 받아내느라 고생만 하다 가신 할머니들의 삶을 대하려니 안쓰럽고 안타까운 마음이 든다.

지난 2년간 코로나 팬데믹으로 마스크 착용을 생활화하다 보니 해제 발표가 났는데도 마스크 벗기가 어색한데, 몇십 년의 암흑기를 하루하루 견디고 버텨내느라 고생이 몸에 뱄을 어르신들의 삶을 생각하면 세상 참 헛헛하다. 이토록 휘황찬란한 밝은 밤이 오리라는 상상을 할 수나 있었을까. 그런 점에서 시대를 잘 타고 태어난 우리는 빚진 마음으로 그분들에 대해 죄송함과 존경심, 그리고 감사한 마음으로 이 좋은 세상을 잘 살아가야 할 것이다.

요즘 여성가족부 존폐 문제로 시끄럽다. 젊은 남성들에게 여성가족부는 양성평등을 넘어 여성에게 주도권이 넘어가 남성이 피해를 보는 역차별적 혐오의 대상이 된 거 같다. 하지만, 소설 『밝은 밤』 속 모계 4대의 삶에서도 볼 수 있듯이 불과 얼마 전까지만 해도 여성이 차별받으며 그 오랜 세월을 견뎌왔다. 너무 오래 그렇게 살다 보니 당연한 듯 여성조차 여성을 억압하고 천시해온 게 사실이다. 마치 천민이 천민을 무시하듯이 말이다.

광복은 독립운동가들의 노력과 희생이 있었기에 가능했다. 양성평등도 인권운동가들의 노력과 희생이 있었기에 이만큼이라도 이뤘다. 여성가족부를 폐지할 만큼의 양성평등이 이뤄졌다고는 보이지 않기에. 완전한 평등으로 가기 위해서는 서로 노력해야 할 것이다. 법적인 문제도 관습도 시간이 지나면 차츰 해결되리라 본다. 이전에 비해 좋은 세상인 것만은 분명하기에, 양성평등에 관한 이야기는 여기서 각설하는 게 좋겠다.

힘들어도 참고 사느라 화병을 달고 살았던 할머니들이나 어머니들 세대가 보기에 요즘 젊은이들의 일, 사랑, 결혼, 양육을 대하는 태도가 가벼워 보여 못마땅할 수도 있다. 하지만, 서술자 '나'와 같은 젊은이들은 오히려 자기 삶에 진지하다. 내 삶을 누군가에 의해 선택받고 결정짓는 것이 아니라, 본인이 직접 설계하고 선택하며 결정지으려 하기에 진중할 수밖에 없다. 시대가 바뀌고 가치관이 바뀌고 삶을 대하는 태도도 바뀌고 있다.

필자 역시 다 자라 성인이 된 눈에 넣어도 아프지 않은 딸과 아들이 있지만, 어떤 선택을 하든지 믿고 맡기려 한다. 앞으로 살아갈 날이 많기에 실패도 해보고 성공도 해보며 긴 여정을 스스로 헤쳐 가길 바라는 마음에서다. 다만, 역사가 알려주듯 현재의 자유와 풍요가 당연한 것이 아니라는 사실만은 알아주길 바란다. 누군가의 노력과 희생이 있었기에 가능했음을 알고 더욱 감사한 마음으로 진지하게 삶에 최선을 다해주길 바랄 뿐이다. 우리들의 이야기는 쉬지 않고 이어진다. 아버지가 아들을 낳고, 어머니가 딸을 낳고…….

밝은 밤의 남자들

이야기는 시선이나 관점에 따라 조금씩 혹은 매우 다르게 드러나고 해석될 수 있다. 각기 다른 경험에서 굳혀진 생각으로 살아가는 사람들 간에 충분히 일어날 수 있는 일이다. 다만, 무방비 상태로 한쪽 이야기만 듣고 맹신하게 되면 편협한 선입견으로 균형감을 잃을 수 있기에, 여러 각도에서 보고 열린 마음으로 생각하는 습관을 들일 필요는 있겠다.

최은영 작가의 장편소설 『밝은 밤』은 서술자 '나'가 모계 4대의 이야기를 조모의 시선에 의지해 풀어간다. 조모는 평생을 아버지, 남편, 사위에게서 관심과 사랑을 받지 못하고 살았다. 그런 조모의 처지에서 볼 때, 남자는 참아내야 할 상대이지 기대거나 존경할 만한 대상이 아니다. 그 시대라고 모두 그렇지는 않았겠지만, 조모에게는 그랬다.

위기에 놓인 백정의 딸(증조모)과 결혼함으로 천주의 사랑을 실천했다고 자부했을 청년(증조부)은 결혼 후 맞닥뜨린 참담한 현실에 자상한 남편과 아빠의 역할까지는 해내지 못했다. 살벌한 시대를 무사히 견뎌낸 것만으로 가장의 역할을 다했다고 여겼을지 모른다. 증조모와 조모가 느꼈을 남편과 아빠의 심적 부재에서 오는 결핍의 고통을 알았을까?

세상 좋아졌다지만, 지금도 밖으론 좋은 사람인데 안으론 무뚝뚝한 남편들이 있다. 부인이나 자녀 중에도 있는 것을 보면, 세대와 성별을 떠나 성향인 듯하다. 증조부는 자신이 좋은 남편, 아빠가 아니란 걸 몰랐던 게 분명하다. 그러지 않고야 어떻게 하나뿐인 딸(조모)에게 아무리 자신과 친하고 평판이 좋다고 해도 결혼한 남자를 짝지어 준단 말인가.

"내가 당신한테 도망가자 했시까, 내가 당신 부모 저버리라 했시까, 당신 보고 혼인하자 했시까. 기런데 왜 내를 일평생 입 닥치고 살게 했시까? 내 죄가 뭐인데. 백정네 딸로 태어난 게 죄라면 내 죄를 죄로 두지 기랬어요. 우리 영옥이, 내 살 같은 영옥이를 쥐 잡듯이 잡고 화풀이하고 이렇게 다친 아이를 말로 두드려 팰 거면, 이 꼴을 내 눈으로 보게 할 거면, 내를 기냥 삼천에 내버려두지 기랬어요. 내를 당신과 상관없는 사람으로 내버려두지 기랬어요."

조부가 북에서 내려온 첫 부인에게 가는 바람에 졸지에 버림받아

앓아눕게 된 조모에게 오히려 모지리 취급하며 탓하는 증조부를 보고 그동안 참고 참았던 울분을 토해내는 증조모의 말(249쪽)이다. 이 말에 그간 증조모의 가슴 답답했을 삶이 축약돼 있다. 항상 나빠지는 않았겠지만, 늘 빚쟁이처럼 눈치 보며 살았을 고단한 삶이 느껴진다.

"아바이, 죽어버려요. 우리 눈에 띄지 말고 죽어버리란 말입니다. 당신 돌아가셔도 내래 흘릴 눈물은 없습니다. 아바이 산소에도 걸음하지 않을 거고, 내는 아바이를 잊을 겁니다. 기러니 돌아가세요. 돌아가서 우리 없는 곳에서 죽으란 말입니다."

조모를 속여 결혼하여 한껏 부려 먹다가 버리기까지 한 조부의 호적에 어린 딸(엄마)을 올리고 법적으로 아무것도 할 수 없는 처지에 놓인 것이 모두 증조부에게 인정받고 싶어 증조모의 반대에도 불구하고 선택했던 일인데, 위로는커녕 오히려 조모를 탓하는 증조부를 보며 절망감에 빠진 조모가 쏟아낸 말(251쪽)이다. 증조부가 선택해준 남자(조부)는 불량품이었다.

"저도 사과받지 못했어요. 저를 속이고 다른 여자를 만났다는 걸 제가 알게 되었는데도 도리어 제 탓을 했어요. 저에게서 이미 마음이 떠났고 마음 떠나게 한 제 탓이래요. 진작에 헤어졌으면 바람피울 일도 없었을 거래요. 미안해, 미안해, 소리지르고는 그게 사과래. 할머니, 제가 바랐던 건 진실한 사과였어요. 계속 같이 살 수 없었어요. 어떻게 살았어요, 할머니? 그런 일을 겪고 어떻게 살 수 있었어요?"

조모가 사기 결혼의 피해자임에도 조부로부터 사과를 받기는커녕 딸(엄마)까지 뺏길 처지에 놓였었다는 사실에 화가 난 서술자 '나'가 참지 못하고 얼굴을 가린 채 눈물을 흘리며 한 말들(229~230쪽)이다. 조모의 기막힌 사연에 '나'의 상황이 겹치면서 감정이 북받쳐온 모양이다. 그리고 엄마와 할머니, 나와 엄마의 소원하고 불편했던 상황들이 이해된다.

백정의 딸이라는 꼬리표에 주변의 따가운 눈총을 견디며 살아야 했던 증조모, 사기 결혼의 피해자임에도 홀로 딸을 키우며 주변의 모진 입방아를 참아내야 했던 조모, 동거인 엄마는 법적으로 남이고 호적상 부모는 얼굴도 모르는 복잡한 태생의 비밀을 갖고 사느라 늘 포기가 빨랐던 엄마, 남편의 바람으로 이혼해 홀로서기 연습 중인 '나'. 모계 4대의 삶이 녹록잖다.

밝은 밤 속 남자들, 그러니까 서술자 '나'의 증조부, 조부, 아빠, 전 남편을 만나 왜 그랬냐고 물어보면 그들도 할 말이 있을 것이다. 시대가 그래서 어쩔 수 없었다고. 그때는 다 그렇게 살았으니 이해하라고. 혹은 여자에게는 문제가 없었겠냐고 억울해할지도 모르겠다. 돌이켜 보니 미안했다고 용기 있게 사과해오는 현명한 남자도 있을지 모르겠다.

세상에서 가장 작은 도서관

아우슈비츠 집단학살수용소에 대한 기록물은 보고 또 봐도 끔찍하다. 허구 같은 실화를 바탕으로 한 소설이나 영화는 발표되는 대로 그 충격적 장면들 때문에 바로 세간의 이목이 쏠린다. 제2차 세계대전 당시 서양에서 벌어진 독일군의 만행은 같은 시기 동양에서 벌어진 일본군의 만행과 함께 인간이 얼마나 잔혹할 수 있는지 상상 이상의 장면을 연출했다. 이제는 많이 그리고 널리 알려져 새로운 세대가 아니라면 모르는 이가 없을 것이다.

스페인 작가 안토니오 이투르베가 수용소에 도서관이 있었다는 사실에 착안해 집필 결심을 하면서 사료를 검토하던 중 실존 인물 디타 크라우스가 살아있다는 소식을 접하고 우여곡절 끝에 그녀를 만나 인터뷰한 생생한 내용까지 더해진 실화 소설 『세상에서 가장 작은 도서관』. 제목처럼 이 책은 이전의 아우슈비츠 집단학살수용소 이야기들에 더해, 수용소와는 전혀 어울리지 않는 '책', '도서관'이라는 키워드로 특별한 소설을 완성해놓았다.

다른 유대인 가족들처럼 부모와 함께 수용소에 끌려온 주인공 '에디타 아들러'는 가혹하고 끔찍하기 그지없는 이곳에서 중요한 임무를 맡는다. 바로 구역장 '알프레드 허쉬'가 비밀리에 만든 학교에서 여덟 권의 책을 보유한 도서관을 관리하는 사서 역할이다. 책은 생각하게 만들어 위험한 물건이라며 나치는 책을 허용하지 않는다. 들키면 사형이라 열네 살 깡마른 여자애가 하기엔 위험한 일임에도 에디타는 자진하여 임무를 완수하기 위해 고군분투한다.

책은 내용을 크게 두 파트, 작게는 32파트로 나눠놓았다. 그중 1~17파트는 1944년 1월부터 3월 초까지의 일로, 에디타가 알프레드와 함께 나치의 눈을 피해 책을 빌려주고 아이들에게 공부를 가르치는 이야기가 주를 이룬다. 18~32파트는 1944년 3월 7일 이후, 알프레드와 수감자 수천 명의 갑작스러운 죽음 소식에 에디타와 남은 이들이 전쟁이 끝날 때까지 살아도 죽은 것 같은 산지옥의 고통을 버텨내는 이야기가 주를 이룬다.

『세상에서 가장 작은 도서관』은 책을 중요시한다. 내일을 모르는 최악의 수용소 생활 속에서도 책을 통해 교육을 이어가려는 알프레드와 에디타의 집념이 감동으로 와닿는다. 몸은 억압되어 있어도 책은 자유로운 생각의 문을 열어준다. 열두 살 생일에 신발 대신 선물 받은 A.J. 크로닌의 「성채」는 에디타를 청년 앤드루 맨슨과 같은 열차를 타고 그와 함께 웨일스의 가난한 탄광 마을로 여행을 떠나게 한다. 책은 신발보다 더 멀리 어디든 갈 수 있게 해준다.

어린이들에게 적합하지 않은 신성모독의 내용이 나온다며 어른들이 사서인 에디타조차 못 읽게 하던 야로슬라브 하셰크의 소설 「착한 병사 슈베이크」는 아버지를 잃고 슬픔에 잠긴 에디타를 웃게 해준다. 견디기 힘들 때마다 바보스러운 주인공 슈베이크의 해학적 대사는 힘과 용기를 준다. 에디타를 안정시키고 성장시킨다. 수용소 아이들이 집단 무기력함에 빠졌을 때 에디타가 읽어준 병사 슈베이크의 엉뚱한 대사는 아이들의 관심을 끌 만큼 재밌고 유용하다.

에디타는 교사 마르케타가 들려준 프랑스 작가 알렉상드르 뒤마의 소설 「몽테크리스토 백작」을 통해 억울함에서 벗어나 가짜 신분이긴 하지만 성공한 몽테크리스토 백작이 자신의 인생을 망가뜨린 사람들에게 철저하게 복수하는 것처럼, 자신도 탈출에 성공하면 남은 인생을 나치 대원들과 장교들에게 복수하는 일에 쓸까 생각해본다. 그렇지만 복수로 망가진 몽테크리스토 백작보다는 자신감 넘치던 청년 에드몽 당테스가 더 좋게 느껴지며 씁쓸해한다.

『세상에서 가장 작은 도서관』 속에는 또 「안네의 일기」를 기록한 안네 프랑크도 잠깐 등장한다. 실제를 바탕으로 쓰인 책이라 우리가 아는 같은 시기의 인물을 등장시키는 에피소드로 볼 수도 있겠지만, 소설을 통해 책의 중요성, 기록의 중요성을 나타내는 것으로도 보인다. 나중을 위해 알프레드 허쉬가 그간의 일을 기억으로 기록해 전달해야 한다고 강조하는 것과 아우슈비츠를 탈출한 루디 로젠버그가 수용소 안에서 벌어진 믿기지 않은 일을 보고서로 작성해 유대인 지도층과 세상에 알린 일들도 이런 의미이지 싶다.

> "책이란 분명 하찮은 구석이 있는 무용한 물건일지 몰라도, 우리 생각 이상으로 훨씬 중요한 물건이기도 합니다. 책에는 이야기가 담겨 있기 때문이며, 책에 담긴 다른 삶과 관점이 우리네 삶과 관점을 성장케 하기 때문입니다."
>
> -8쪽 「한국 독자들에게」 中

종이책, 전자책이 넘쳐나는 행복한 시기다. 그렇더라도 각자의 머릿속에 누구도 없앨 수 없는 가장 가벼운 나만의 도서관 하나씩 가지고 다녀도 좋을 것 같다.

빛나는 사랑

안토니오 이투르베의 장편소설 『세상에서 가장 작은 도서관』 속 수용소 사람들은 하나같이 삐쩍 말랐다. 인터넷을 검색해보면, 실제로 그 당시 수용자들 사진을 쉽게 찾아볼 수 있는데, '피골이 상접하다'는 말이 딱 맞을 만큼 처참하다. 거기에 잘 씻지 못해 고약한 냄새가 나고 머리와 옷에는 이가 득실거린다. 침구 속 빈대는 잠자리를 괴롭혀 오히려 밖에서 자는 게 나을 만큼 환경도 열악하다. 그래서인지 뼈만 앙상한 당시 남녀의 나체사진을 봐도 전혀 성적인 느낌이 들지 않는다. 그렇게 언제 죽을지 모를, 언제 죽어도 이상하지 않은, 산지옥 같은 그곳에서도 기적처럼 사랑이 싹터 오른다.

소설 속에는 수용소 철조망을 사이에 두고 비밀스러운 사랑을 나누는 두 쌍의 청춘남녀가 나온다. 명부 관리자 루디와 독일군 장교 빅토르. 삐쩍 마르고 꾀죄죄한 수용소 소녀들(엘리스, 르네)에 대한 그들의 연민은 콩깍지 제대로 쓴 목숨 건 사랑으로 발전한다. 절망적 상태의 소녀들은 의심하여 경계한다. 하지만, 셀러리, 마늘, 비누, 연필, 빵 같이 꼭 필요한 것을 몰래 가져다주는 청년들의 진심에 마음의 문을 연다. 이웃들의 오해, 비난, 모욕쯤은 이겨낼 수 있다. 그러나 목숨과 신분을 걸고서라도 소녀들을 지켜내려 했던 청년들의 사랑은, 전쟁 막바지 참패한 독일군의 마지막 발악인 수용소 집단학살로 끝이 난다.

루디가 몰래 빼돌려다 준 셀러리를 머리띠로 바꿔 그에게 잘 보이려 착용하던 엘리스, 빅토르가 선물로 준 뮤직박스를 보고 먹는 게 아니네요 하며 실망하던 르네, 그런 순박하고 순진무구한 소녀들을 위해 위험을 감수하고 도움을 주려 애쓰던 루디와 빅토르. 비록 그들의 사랑은 이루어지지 못했으나 아름다운 영혼은 진흙에서 피워낸 맑고 깨끗한 연꽃처럼 주변을 환하게 만든다. 동서고금을 막론하고 사랑은 그 어떤 힘으로도 막을 수 없다. 용케 살아남은 루디와 주인공 에디타, 그리고 몇몇 인물들에 의해 당시의 일들은 생생하게 전해져 소설 『세상에서 가장 작은 도서관』을 탄생하게 했으니, 사랑은 살아있다.

부드러운 카리스마로 수용소 사람들을 잘 보살피고 이끌어 존경을 한 몸에 받아오던 지도자 프레디는 알고 보니 동성애자다. 그는 자신의 동성애 사실이 밝혀졌을 때 받을 비난이 두려워 상대를 떠나보낸다고 하지만, 그보다는 자신이 해야 할 일인 수용소 안의 작은 도서관을 유지하며 아이들에게 책을 읽히고 공부를 시키는 일에 더 열중하여 우선순위를 두었고, 그로 인해 자신을 존경하고 따르는 수용소 사람들에게 실망을 주지 않으려는 책임감으로 사랑하는 이와의 아픈 이별을 택하지 않았나 싶다. 이성, 동성, 가족을 떠나 어려운 시기에 개인적 사랑보다 전체를 위한 사랑에 더 비중을 두는 사람들이 있지 않은가.

수용소에서 부모님, 프레디, 친구들과 많은 이웃을 잃은 에디타는 살아남았다. 생존자가 된 것이다. 에디타의 실존 인물인 디타 크라우스는 수용소에 있을 때 아버지의 죽음 직전 여자 출입 금지인 남자 수용소에 들어가 의식을 잃고 오늘내일하는 아버지를 만날 수 있도록 점퍼를 빌려준 개구쟁이 오타를 다시 만나 특별한 친구가 된다. 그리고 연인으로 발전, 얼마 후 결혼하여 자녀를 낳고 이스라엘에 이민 가서 행복하게 살고 있다. 가슴에 책을 숨기고 수용소 이리저리 뛰어다니며 책을 관리하던 앳되고 당찬 소녀는 이제 파파 할머니가 되었다. 모두가 아픈 중에 그나마 해피엔딩으로 이루어진 커플이 있어 다행이다.

신이 인간에게 베푸는 것 같은 무조건적이고 절대적인 사랑 아가페, 성의 매력을 음미하고 탐닉하는 에로스, 공동체에 대한 사랑이나 동료애 같은 필리아, 우정이나 연민 느낌의 스토르게, 놀이처럼 유희하듯 즐기는 루두스, 격정적이고 광적인 거친 사랑 매니아, 조건을 전제로 한 프래그마, 순수하고 정신적인 플라토닉 등 사랑은 하나지만 불리는 다양한 이름만큼 감정이나 느낌도 다르다. 옳고 그름을 떠나 모든 사랑은 아름답다. 단, 진심이 존재했을 때. 최선을 다했을 때 이야기다. 자신의 이익을 위한 거짓 사랑은 기만이자 사기고 범죄다. 누구를 향한 사랑이든 진심이 담겨있을 때만 그곳이 어디라도 아름답게 빛이 나는 것이다.

지난번 『세상에서 가장 작은 도서관』 속 책 사랑에 이어 이번에는 사람에 대한 사랑을 살펴봤는데, 공통점이 하나 있다. 어떤 열악한 상황에서도 소중히 여기고 최선을 다해 지키려는 노력. "당신은 가슴 뜨거운 사랑을 하고 있는가?"

알로하, 나의 엄마들

"십 년도 전에 조선 사나들이 포와로 엄청시리 일하러 갔다 캅니다. 그 사나들이 성공해가 색싯감을 찾는 기라예. 가시나가 갈 때는 울면서 갔는데 오 년 만에 즈그 집에 땅도 사주고, 집도 지어줬다 안 캅니꺼. 그 아가 지만 잘 사는 기 아까벘는지 즈그 오래비한테 신랑감들 사진을 보냈는 기라예. 조선 색시 좀 구해 달라꼬 말입니더. 신랑감 사진도 있습니더."

- 9~10쪽

1917년 김해 작은 마을 어진말 버들네 집에 방울장수 부산 아지매가 찾아와 버들 엄마 윤씨에게 포와(하와이)로 버들이를 시집보내면 평생 호강하고 살 거라며 신랑감 사진 한 장을 건넨다. 아버지와 오빠를 일찍 잃어 살림이 궁핍했던 버들이는, 시집간 지 두 달 만에 청상과부가 되어 돌아온 홍주, 무당의 손녀라고 천대받던 송화와 함께 지금보단 나은 삶을 기대하며 설렘 반 두려움 반인 마음을 안고 머나먼 길을 떠난다.

버들, 홍주, 송화처럼 사진 교환을 통해 포와(하와이)의 한인 1세대 이민 독신남들에게 시집간 젊은 여자들을 당시 사진신부라고 불렀다. 그런데, 낙원인 줄 알고 간 포와에서 처음 마주한 신랑들의 얼굴에 신부들은 대성통곡한다. 중늙은이가 된 남자들이 신부를 얻기 위해 나이와 사진을 속인 것이다. 홍주와 송화도 아버지나 할아버지뻘 되는 신랑을 보고 기겁한다. 버들보다 아홉 살 많은 신랑 태완이 그중 가장 젊다. 하지만 가장 무뚝뚝하기도 하다.

> **"신부들은 어쩔 수 없이 현실을 받아들이고 있었다. 결혼하지 않으면 조선으로 돌아가야 한다. 돌아가면 포와로 시집갔다 왔다는 낙인이 찍힌 채 살아야 한다. 그건 늙은 남자와 사는 것보다 더 지독한 나락으로 떨어지는 일이었다. 어떻게든 여기서 살아야 한다."**
>
> - 96~97쪽

이금이 작가의 『알로하, 나의 엄마들』은 '2021 안산의 책'에 선정된 청소년소설이다. 시대적 배경은 일제강점기이고, 장소 배경은 조선 김해의 한 작은 마을과 하와이 오하우섬 일대다. 등장인물은 '사진신부'로 하와이에 간 주인공 버들과 친구 홍주, 송화, 그리고 그녀들의 신랑 태완, 덕삼, 석보 등이다. 하와이 이민 1세대의 실화가 바탕이 되어 창작된 소설은 쉽고 편안하게 읽히는 문장과 비주류 역사적 사실에 대한 궁금증이 몰입도를 높여 단숨에 읽힌다. 독특하게도 처음부터 326쪽까지는 버들의 시선에서 진행되고, 327

쪽부터 마지막까지는 버들의 딸인 진주(펄)의 시선에서 마무리된다. 제목을 왜 '나의 엄마들'이라고 했는지에 대한 궁금증이 여기서 풀린다.

타지에 가면 누구나 애국자가 된다는 말처럼 하와이에 가서 죽도록 고생하던 이민 1세대도 조국의 안타까운 현실을 외면하지 못한다. 버들이 남편 태완처럼 가족보다는 조국의 독립을 우선시하여 직접 몸으로 헌신하는 이들도 있고, 힘들게 번 돈을 모아 독립운동 기금마련에 보태는 이들도 있다. 힘없는 조국으로 인해 무시당하는 한인들을 위해, 미래 자식들의 버팀목이 되어줄 조국을 위해 힘을 보탠다. 그러나 그곳에서도 이념이 갈리면서 종교도 갈리고 친구도 갈린다. 하지만 버들, 홍주, 송화의 우정은 잠시 흔들렸지만 끝내는 하와이의 혹독한 생활을 이겨내는 버팀목이 되어 꽃을 피운다.

비록 처음 하와이로 갈 때의 꿈처럼 호강도 공부도 제대로 못 했지만, 버들을 비롯한 사진신부들은 그곳에서 정착해 한 가정을 잘 일구었고 1세대 한인 공동체를 만들어낸 우리들의 억척스러운 어머니들이다. 그 시대 어머니들은 조선 땅이든 하와이든 중국이든 어디에서도, 아버지들이 가족보다 나라를 위해 일터를 위해 바깥으로 도느라 돌보지 못하는 가족을 지켜내느라 죽을힘을 다해 헌신했다. 오늘의 우리는 어머니들이 지키고 가꾸어낸 열매들이다. 버들이 하와이에 처음 갔을 때 목에 걸고 싶어 했던 레이(카네이션 꽃목걸이)를 우리의 어머니들에게 걸어드리고 싶다.

"지는 애기씨들 시상에 나오기도 전부터 보따리 이고 방방곡곡 안 다닌 데 없습니더. 양반집, 상놈집 할 것 없이 사람 사는 꼴 안 본 기 없습니더. 지 결론이 뭔지 압니꺼? 사람은 다 똑같다는 기라예. 양반, 상놈, 부자, 거렁뱅이 다 같습니더. 양반이라 더 아프고 백정이라 들 아픈 게 아이라예. 자식 애끼는 부모 맘도 마찬가집니더."

-46쪽

지금은 양반, 상놈 대신 부의 척도가 신분 차별을 만들고 있으니, 사진결혼 중신을 섰던 방울장수 부산 아지매의 말을 새길 필요가 있겠다. 책을 읽으면 많은 것을 느끼고 생각할 수 있다. 지면이 짧아 다 못하는 이야기들을 책에서 만나보길 권한다. 할 말이 많아질 것이다.

고발

독서 모임에서 '반디'라는 필명을 가진 북한의 저명작가가 탈북자, 브로커 등을 통해 원고를 유럽으로 반출시켜 세상에 빛을 보게 된 『고발』이라는 책을 다뤘다. 20개 국가에 판권이 팔렸고 영국, 미국, 캐나다, 독일, 스웨덴 등에서 동시 출간되었으며 영국에서는 펜(PEN) 번역상까지 수상한 외국에서 더 유명한 책이다.

책 속 일곱 편의 이야기는 1987년부터 1995년 사이에 쓰인 단편소설들로, 지금으로부터 20여 년 전 김일성 주석 사망 전후의 북한 상황을 배경으로 하고 있다. 지금의 북한과는 다소 거리가 있지만, 그런 점을 감안하고 읽더라도, 북한 작가의 생생한 글을 처음 접하게 되어 신선했다. 쾌락성, 철학성, 문학성을 고루 갖춘 글에 적지 않은 감동 또한 받았다.

『고발』은 북한식 사회주의 경제제도의 문제점, 출신 성분으로 구분되는 연좌제로 고통 받는 북한 주민들의 아픈 사연, 통제와 억압 속에 길들여진 나약한 존재의 무력감, 사상과 체제 속에 갇힌 슬픈 인간사, 감시 속에 유린당하는 인권 등을 담담하게 작품으로 담아 녹여놓았다. 그래서 더 가슴에 와 닿는다. 또한 그런 악조건에도 서민들의 인간애는 살아 서로를 챙기는 모습이 안타까우면서도 가슴 따뜻하다.

"옛날 어느 곳에 열 길 울타리를 빽빽이 둘러친 한 동산이 있었다우. 거기선 늙은 마귀가 수천의 종들을 거느리구 있었구요. 한데 놀라운 건 그 동산의 열길 울타리 안에선 언제나 웃음소리밖에 들려나오는 것이 없었다는 거였어요. 사시절 하하호호 하고 말이지요. 그건 바로 늙은 마귀가 자기의 종들한테다 온통 웃는 마술을 걸어놓았기 때문이었다나요. 왜 그런 마술을 걸어놓았냐구요? 그야 물론 종들을 학대하는 자기 죄행을 가리우고 우리 동산 사람들은 이렇게 행복합니다 하는 속임수를 쓰기 위해서였지요. 그러자고 다른 동산 사람들이 넘볼 수도, 드나들 수도 없게 열 길 울타리두 쳤던 거구요. 그러니 글쎄 생각 좀 해보시우. 그 동산 사람들의 입에서는 어디가 아프거나 슬퍼서 엉엉 울어도 그것이 하하호호 하는 웃음소리만 되어 나왔으니 세상에 그처럼 악한 마술이 어디 있고 그처럼 무시무시한 동산이 또 어디 있겠수."

다섯 번째 단편 '복마전'에 나오는 할머니가 손녀에게 들려준 창작동화 내용이다. 이 책 『고발』을 해학적으로 압축해 놓은 것 같아 시원하고 통쾌하고 재밌다.

20여 년 전 북한의 상황은 암울했다. 지금의 북한 관련 소식을 들어도 더 나아진 것은 없는 것 같다. 김일성보다 사나운 김정은의 막나가는 행태를 보면 더욱 그러하다. 하지만 실제로는 요 몇 년 사이 화려한 고층빌딩 증가, 휴대폰 등 전자기기의 높은 판매율, 대형마트 등 시장상권 형성, 자본가 등장 등 급속도로 변하고 있다고 하니 불안하다.

북한이 가지고 있는 값싸고 생산력 높은 인력과 손 타지 않은 천연자원 등은 강대국들 사이에서 누가 먼저 신대륙에 배를 댈 것인가 하는 경쟁을 부추기는 상황이라고 통일 관련 전문가들은 말한다. 그러함에도 우리가 손 놓고 구경만 하는 실정이라 답답하단다. 일개 서민인 필자조차 조바심이 나는 부분이다. 원래 우리는 한 민족으로 한 나라였는데, 북한 땅도 우리 땅이었는데, 더는 다른 나라에 뺏기면 안 되는데 말이다.

북한 체제에 견디지 못하고 탈출하여 남한으로 온 새터민들의 삶은 곤고하다. 일부 고위층을 빼고는 나아진 것이 없단다. 우리나라 서민들도 일자리가 없어 먹고 살기 힘든 시기이니 오죽하랴. 그런데 통일이 되면 이런 문제가 해결될 것으로 전문가들은 내다보고 있다. 남쪽의 기술력과 북쪽의 자원이 합쳐지면 시너지 효과를 내어 세계 강대국 대열 합류도 가능하다고 하지 않는가. 십여 년 전 개성공단 등 남북이 교류하며 곧 통일이 이루어질 것만 같던 시절이 그리웠는데, 최근 들어 그 가능성이 조금씩 보이는 듯하여 가슴 설렌다.

정욕의 아름다움

박완서 작가의 단편소설 「마른꽃」은 홀로된 60세 여인의 연애 감정을 설렘과 해학의 수려한 문장으로 담담하게 풀어내어 흥미롭다. 몇 년 전까지만 해도 그리 와 닿지 않던 이 소설이 요즘 다시 읽으면서 은근히 공감되는 것을 보니 나도 황혼으로 기우는가 보다.

주인공은 지방에서 열린 친정조카의 결혼식에 갔다가 이래저래 마음이 상한 상태로 상행선 고속버스에 오른다. 우연찮게 동년배 남성과 옆자리에 앉게 되는데 수려한 외모와 따뜻한 눈빛을 가진 남자로 인해 가슴 울렁임을 느낀다. 서로에게 호감이 생긴 두 사람이 고즈넉한 밤 버스에 나란히 앉아 말을 섞음으로 황혼의 로맨스는 시작된다. 그러나 열여섯 소녀처럼 함부로 탄성을 지르고 깡충거리며 핑퐁 알처럼 경박하고 예민한 탄력을 지니게 된 것을 느낄 만큼 달콤했던 연애의 환상은 재혼 이야기가 나오면서 서서히 깨진다.

"지금 조 박사를 좋아하는 마음에는 그게 없었다. 연애감정은 조금도 다르지 않은데 정욕이 비어 있었다. 정서로 충족되는 연애는 겉멋에 불과했다. 정욕이 눈을 가리지 않으니 너무도 빠안히 모든 것이 보였다. 아무리 멋쟁이라 해도 어쩔 수 없이 닥칠 늙음의 속성들이 그렇게 투명하게 보일 수가 없었다. 내복을 갈아입을 때마다 드러날 기름기 없이 처진 속살과 거기서 우수수 떨굴 비듬, 태산준령을 넘는 것처럼 버겁고 자지러지는 코곪, 아무 데나 함부로 터는 담뱃재, 카악 기를 쓰듯이 목을 빼고 끌어올린 진한 가래, 일부러 엉덩이를 들고 뀌는 줄방귀, 제아무리 거드름을 피워봤댔자 위액 냄새만 나는 트림, 제 입밖에 모르는 게걸스러운 식욕, 의처증과 건망증이 범벅이 된 끝없는 잔소리, 백 살도 넘게 살 것 같은 인색함. 그런 것들이 너무도 빤히 보였다. 그런 것들을 아무렇지도 않게 견딘다는 것은 사랑만 있다고 되는 것이 아니다."

노년의 사랑도 가슴 뛰는 떨림이 있고 웃다가 울다가 화냈다가 즐거워하는 간사스러운 연애 감정을 가질 수 있으나, 그 사랑만으로는 재혼 생활이라는 현실이 가려지지 않아 이것저것 재게 되고 빤히 노후의 추함이 보이니 상상만으로도 도대체 감당하며 살 자신이 없어진다는 것이다. 그녀에게는 노후의 추함을 아무렇지도 않게 견디고 극복할 무언가가 절실히 필요했다.

그것은 '적어도 같이 아이를 만들고 낳고 기르는 그 짐승스러운 시간을 같이 한 사이가 아니면 안 되는 것'이다. 그래서 그녀는 빤히 보이는 노후의 추한 현실을 극복할 정도의 열정과 정욕이 배제된 사랑은 겉멋에 불과하다며 결국 수십 년의 세월을 되돌려놓을 만큼 달콤했던 황혼의 로맨스를 접는다. 겉멋과 비교해 정욕이 얼마나 아름다운 것인지 깨달았기 때문에 재고의 가치가 없다고 말한다.

죽은 남편과의 결혼생활은 지지고 볶고 사느라 정작 시들했을 터이지만 그래도 노년에 접어든 황홀한 연애와의 사이에 결정적 차이가 있다. 바로 정욕의 있고 없음이다. 정욕이라는 말이 이성의 육체에 대한 성적 욕망으로 그다지 긍정적인 말이 아니지만, 이 작품 '마른꽃'에서의 정욕은 단지 육체적 욕망뿐만이 아니라 콩깍지를 씌어줄 열정적이고 뜨거운 사랑까지를 포함하는 것 같다.

정서로만 충족된 사랑은 마냥 연애만 하면 모를까 콩깍지는 씌지 않아 조건을 보지 않고 결혼까지 가기란 쉽지 않다. 콩깍지는 서로를 탐하는 정욕이 밑받침되어야 가능하다. 부부가 수십 년을 함께 지지고 볶으며 살아가느라 차츰 밋밋하고 시들해지더라도 서로 노후의 추함을 덮어가며 덤덤히 잘 살아낼 수 있는 것은 '적어도 아이를 만들고 낳고 기르는 그 짐승스러운 정욕의 시간'을 함께 했기 때문이다. 그래서 주인공의 말처럼 정욕은 본래 아름다운 것임을 인정하지 않을 수 없다.

소피의 세계

미래를 훤히 내다볼 수 있는 망원경이 있다면, 사람의 마음을 꿰뚫어 읽을 수 있는 렌즈가 있다면, 매사 확실한 판단이 서도록 방향 제시를 해주는 나침반이 있다면, 참으로 편안하고 좋겠다. 하지만 우리는 미래를 내다볼 수도, 사람의 마음을 읽을 수도, 확실한 판단을 내릴 수도 없는 나약한 인간이기에 선택의 갈림길에 설 때마다 늘 갈등하고 고민한다. 그리고 힘들게 결정한 일에 대해 후회도 한다. 다른 길로 갔다면 좀 더 나았을까 하고.

하지만 미래를 다 안다면 삶에 흥미를 잃을 것이다. 마치 드라마나 영화의 뒷이야기를 알게 되면 갑자기 김이 팍 새면서 더는 보기 싫어지는 것처럼 말이다. 또, 사람의 마음을 모두 들여다본다면 그 괴팍함과 간교함에 괴로워 병이 나든 싸움이 나든 할 것이다. 결정마다 확신이 따른다면 별 노력이 필요 없어지니 교만으로 삶이 건조하고 피폐해질 것이다.

'나는 생각한다. 고로 존재한다.' 근세철학자 데카르트가 남긴 말이다. 종류만 다를 뿐이지 생각하지 않는 사람은 없다. 비록 허황되고 터무니없다 하더라도 생각은 사람을 성숙시킨다. 인간과 침팬지의 유전자는 98% 같고 단 2%만 다른데, 그 2%가 호기심이 있고 없고의 차이라지 않는가. 호기심은 갈등하게 하고 생각하게 하다가 놀랍고 경이한 창작품을 낳게 한다.

자연의 변화를 신화적 해석에만 의존하던 고대에도 이미 자연의 변화 이면에 무언가 있을 거라는 호기심으로 문제를 제기하고 증명해 보이고 해답을 얻고자 노력해온 '자연철학자'들이 있었다. 그들은 자연의 법칙을 발견하려 애썼다. 그들의 노력은 학문으로서의 첫걸음을 내디뎠을 뿐 아니라 자연 과학의 원동력이 되었다.

그 이후 수천 년간 인간의 끊임없는 호기심과 갈등은 전진과 후퇴를 거듭하다가 오늘의 발전을 이루었다고 본다. 실패, 좌절, 분노, 추락, 전쟁, 공포, 죽음 등 판도라의 상자에서 쏟아져 나온 많은 어둠의 권세들도 있었지만, 결과론적으로 보았을 때 우리는 발전했다. 철학이라는 생각하는 힘이, 과학이라는 희망을 만들어낸 것이다.

하루에도 몇 번씩 갈등한다. 할까 말까, 갈까 말까, 먹을까 말까……, 사소한 문제부터 큰 문제까지 갈등의 연속이다. 그럴 때 느낌을 중요하게 여기는 이도 있고 논리를 중시하는 이도 있다. 모든 결정에는 성공과 실패가 따른다. 실패가 꼭 나쁜 것만은 아니다. 다음에 같은 실수를 줄일 수 있을 테니 말이다. 결국 느낌도 논리도 모두 철학 하는 일이다.

미국의 억만장자들이 모여 살던 '선밸리'라는 도시에는 부족한 게 없었다. 그런데 이상하게도 치매 발생률이 타 도시보다 높았다. 연구 결과 스트레스, 걱정, 변화가 없는 것이 원인으로 밝혀졌다. 고민이나 갈등을 겪지 않아 스트레스를 이겨내는 면역력이 약해져 쉽게 치매에 걸리게 된 것이다. 적당한 스트레스와 갈등은 더 건강하게 사는 방법이 되는 셈이다.

내적 갈등이 훈련된 성숙한 사람들은 외부 자극으로 인한 갈등이 생길 때 대처하는 능력이 훈련하지 않은 사람보다 높다. 적어도 파국으로 가는 것은 막을 수 있다. 깊은 자기성찰은 상황을 보는 시야를 넓혀준다. 그래서 사람이 세상을 살아가면서 갈등하는 것은 마땅하다. 오늘도 이런저런 문제들로 여기저기서 생각들이 많다. 우리의 존재 이유고 살아가는 방법이다.

그래도 내외적 갈등이나 생각이 너무 많아 고민이라면, 청소년부터 성인까지 누구나 흥미롭고 재미있게 읽으면서도 깊이 있게 성찰할 수 있는 철학 소설 『소피의 세계』를 권한다. 이 책은 철학 교사였다가 소설가로 전향한 노르웨이 작가 요슈타인 가아더가 쓴 청소년을 위한 철학 소설인데 전 세계 44개 언어로 번역되어 각국 청소년문학상을 휩쓴 명작이다.

노르웨이의 작은 마을에 사는 열네 살 소녀 소피는 “너는 누구니?”라고 쓰인 의문의 편지를 받는다. 그리고 ‘철학자’라고 소개하는 발신인과 철학에 관한 이야기를 나눈다. 고대 그리스 철학에서부터 현대의 실존주의까지 3천 년에 걸친 방대한 서양 철학에 등장하는 철학자들의 사상을 하나하나 시간의 흐름에 따라 재미있게 풀어 놓았다.

첫 출간부터 25년이 지났음에도 여전히 사랑받는 『소피의 세계』는 733쪽의 방대한 분량이지만 다 읽고 마지막 책장을 덮을 즈음에는, 뿌듯함과 함께 끊임없이 갈등하고 생각하는 일이 철학하는 과정임과 ‘이해하지 못한 것이 아주 많다는 사실을 깨닫는 사람’이 철학자라는 말에 안도의 한숨을 내쉴 수 있을 것이다. 우리 모두 철학하는 사람들이기에.

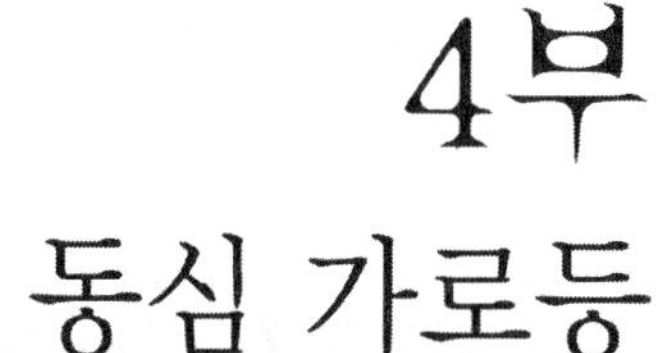

4부
동심 가로등

St.Paul
Omaha
Detroit
Cleveland
WASHINGTON
Buffalo
Long's Peak
Pike's Peak
Galveston
New Orleans
Mobile
Chihuahua
Monterey
Guadalaxara
GULF OF
MEXICO
C.Sable
Key West
Savannah
FLORIDA

바보들이 모여 사는 마을

사람도 세상도 변하기 마련이다. 하지만 코로나19는 너무나 급격하게 우리의 삶을 바꿔놓았다. 경험해보지 못한 상황들이 당황스럽고, 준비되지 않은 해결책들로 혼란스럽다. '뭉치면 살고 흩어지면 죽는다'라는 교훈은 옛말이 되어 이제 흩어져야만 살 수 있다. 검정 마스크 쓴 사람을 경계하던 우리가 마스크 안 쓴 사람을 벌레 보듯 한다. 지인들의 안부 문자보다 행정관청의 안전 안내 문자가 더 자주 온다. 한 해가 다 가고 있는데도 학생과 선생은 서로 낯설다. 도서관이 어딘지 가물거린다. 이 상태가 오래가면 집단 무기력증에 빠질 수도 있겠다.

그런데 돌이켜보면 이렇게 될 징조는 여러 번 있었고, 지구 지킴이들의 경고와 충고도 꾸준히 있었다. 소설이나 영화에서도 많이 다뤄진 일들이다. 단지 기득권을 가진 각계의 비리 지도층들이 자신들의 이해와 안위를 위해 충고는 무시하고 경고는 알리지 않아, 많은 이들을 무지한 상태로 안전 불감증까지 가지고 살게 한 결과

물이라고나 할까. 반복되며 변화해가는 역사는 충고한다. 경전, 잠언집들이 앞 다투어 말하고 있다. 신이 사람들에게 준 지혜의 보물창고인 우리를 좀 보라고. 실마리와 방법은 우리 안에 있을 거라고.

코로나19 때문에 생긴 시간을 그동안 바쁘다는 핑계로 돌아보지 못했던 책들에 쏟기로 했다. 어찌 보면 덕분이다. 집 앞 도서관에는 갈 수가 없고 서점은 멀어 잘 가지지 않지만, 선물 받은 책, 제목만 보고 사놓은 책, 문인들이 보내온 저서 등 쌓여 있는 책들로 한동안 풍족하겠다. 읽었던 책도 있고 처음 보는 책도 있다. 저자 이름만 보고 기대감으로 읽다가 실망하기도 하고 생각지 못한 책에서 감동과 깨달음을 얻기도 한다.

대하기 어렵고 지루하고 무겁고 고지식하고 딱딱한 사람을 좋아하는 이는 별로 없다. 쉽고 재미있고 가벼우면서도 유머러스하게 교훈과 깨달음을 주는 부드러운 사람이 인기다. 책도 마찬가지다. 그런 책으로 우화만 한 것이 또 있을까. 우화는 참과 거짓의 도덕적인 명제나 기본적인 인간 행동의 원칙을 예시하기 위해 쓰인 짧은 이야기로, 흔히 동물이나 식물을 의인화하여 그들이 만들어내는 이야기 속에서 교훈, 도덕, 처세를 보여준다.

이솝우화, 탈무드 같은 책은 오랜 기간 스스로 똑똑하다고 여겨 잘난 체하던 인간들의 우둔함과 어리석음을 풍자로 깨닫게 해주고 삶의 지혜를 나눠주어 왔다. 여기 또 읽는 내내 감탄과 즐거움, 행복을 안겨줄 우화집 한 권이 있어 소개한다. 폴란드의 작은 마을 헤움이 배경이 되어 전해 내려오는 설화를 시인 류시화가 재창작해 낸 『인생우화』. 고대 그리스의 이솝우화가 17세기 프랑스 시인 라퐁텐에 의해 새롭게 써졌다면, 폴란드의 설화는 대한민국 시인 류시화에 의해 새로워졌다. BTS가 빌보드차트 1위를 한 것처럼 멋진 일이다.

『인생우화』는 세상의 어리석은 영혼들을 모두 자루에 담아 신에게 가져가던 천사가 실수하여 자루가 찢어지면서 일제히 폴란드의 한 마을(헤움)로 떨어져 벌어지는 이야기들로, 때로는 어리석고 때로는 지혜로운 바보들의 이야기 45편이 실려 있다.

「바보들의 인생수업」에는 헛간에 불이 났는데 새 짚을 덮어 불을 끄겠다는 황당한 주장과 고집으로 상황을 점점 악화시키는 우둔한 정치인의 모습이 나온다. 「하늘에서 내리는 비」는 가뭄 때 물 부족 문제를 나무에서 비로, 장마 때 물 범람 문제를 비에서 나무로 단어를 바꿔 부르며 해결한다. 놀랍게도 언어에서 얻는 심리적 안정이 문제를 해결하는 듯 보인다. 「완벽한 결혼식에 빠진 것」은 부자가 완벽하게 준비해서 간 결혼식장에 정작 신랑을 데려가지 않았다는 황당한 이야기로, 알맹이를 놓치고 겉치레만 중히 여기는 허례허식을 풍자했다. 나머지 42편도 어찌나 재미있는지, 꽤 두꺼운 책이 어느새 아쉬움으로 남는다.

그래서인지 부록(279~339쪽) 「어처구니없는 세상에서 헤움 식으로 살아가기」에서 작가는 본문 45편에 미처 다 담지 못한 소소한 짧은 이야기 57편을 덤으로 모아 놓았고, 작가의 말(240~252쪽) 「행복한 세상을 만들려고 했던 사람들의 이야기」를 통해 『인생우화』에 대한 친절한 해설과 평가를 논리적이고 깔끔한 문장으로 정리해놓았다.

때로는 어리석은 듯 지혜롭게, 어리석은 듯 행복하게, 어리석은 듯 평화롭게 살아가는 그들의 이야기를 읽으며 지금 우리에게 산적해 있는 크고 작은 일들도 부드럽고 원만하게 잘 해결되기를 바란다.

신마저도 도울 수 없는 사람

폴란드의 헤움 마을 사람들은 서로를 돌보며 잘 지내지만, 사람이 도울 수 없는 일은 신이 돕는다는 믿음 또한 굳건하다. 그런데, 가난한 구두 수선공 에지크는 신이 모든 걸 안다면 자신의 문제도 알아서 해결해줘야 하지 않느냐며 신을 의심하고 이웃의 돌봄과 조언에 불성실하다. 지친 이웃들은 이제 신만이 그를 구제할 수 있다고 생각하고 돕는 일을 포기한다.

결국 최악의 상황에 놓인 에지크는 마지막 선택으로 신에게 100즈워티만 빌려달라는 편지를 쓴다. 부탁을 들어주지 않으면 스스로 목숨을 끊겠다는 말과 함께. 에지크의 이름과 주소가 적힌 편지는 바람에 힘껏 날아간다. 우연히 편지를 보게 된 랍비는 신의 대변자로서 어려운 처지에 놓인 에지크를 도와주기로 결정하고 50즈워티 지폐 한 장을 넣어 그에게 보낸다.

신에게서 온 답장에 뛸 듯이 기뻐하던 에지크는 곧 자신이 원한

금액의 반밖에 되지 않는 돈을 보고 실망한다. 그래서 감사하지만 100즈워티를 부탁했는데 50즈워티밖에 들어있지 않아 돌려보내니 다시 100즈워티를 보내달라고 말하며 지폐를 바람에 날려 보낸다. 때마침 지나가던 랍비가 그 모습을 보고 신마저도 도울 수 없는 사람이 있다는 사실에 충격을 받는다.

류시화의 『인생우화』에는 천사의 실수로 세상 모든 바보들이 모여 살게 된 헤움 마을의 기발하고 엉뚱한 이야기들이 있다. 그 중 「신마저도 도울 수 없는 사람」은 게으르고 어리석은 사람들의 그릇된 생각과 행동을 에지크를 통해 풍자한 이야기로, 다소 과장되어 보이지만, 어쩌면 때때로 우리 역시 그렇게 생각하고 행동하며 살아가지는 않나 뒤돌아보게 한다.

우리 주변을 둘러보면 힘들 때 서로 도와주고 더 나은 미래를 위한 조언을 아끼지 않는 이웃들이 있다. 하지만 남의 호의를 늘 의심하거나, 부담스러워 스스로 벽을 만들거나, 자기 생각만을 고집하여 공격적이거나, 지나치게 의지하여 따라다니려고만 한다면 아무리 좋은 이웃이라 해도 지쳐 떠나게 될 것이다. 좋은 이웃은 신의 선물이니 놓치면 바보다.

간혹, 병원에 가면 쉽게 나을 병을 기도와 정신력으로 이겨내야 한다며 크게 키우는 사람들이 있다. 심지어 가족까지도 병원을 못 찾게 하여 분노를 유발시킨다. 신마저도 도울 수 없는 어리석은 이들이다. 경험자의 조언을 잘난 척이나 잔소리로 치부하여 무시하는 이들은 어쩌다 찾아온 행운을 알아보지 못해 놓쳐버릴지도 모른다. 선물은 다양한 경로와 방법으로 온다.

도움을 요청하면서 도와주지 않으면 죽겠다는 에지크의 편지처럼 급박한 상황에서 목숨을 담보 삼아 협박하는 사람들이 있다. 부모와 자식 간에, 연인 간에, 노사 간에 절실히 원하는 바를 얻기 위해 한 번쯤 시도해봤을 수 있겠지만 옳지 않다. 극단적 행동은 상황을 더 악화시키거나 관계의 단절을 가져올 수 있다. 오히려 죽을 각오로 열심히 살면 얻지 않을까.

게으름으로 안주하다 도태되어 살길이 막막해도 전혀 나아지려고 노력하지 않는 에지크지만 인복은 있어 신을 대신한 랍비의 도움까지 받는다. 하지만 그의 어리석음은 그 복마저도 걷어찬다. 굴러들어오는 복을 발로 차 낸다고나 할까. 과거 이야기를 하다 보면 누구나 후회되는 일이 한두 가지씩은 있다. 지혜로운 사람은 후회할 일을 반복해서 만들지 않을 뿐이다.

「신마저도 도울 수 없는 사람」은 게으름과 어리석음뿐만 아니라 고지식함과 불만, 욕심에 대해서도 뒤돌아보게 한다. 100즈워티를 요구했는데 50즈워티만 왔다고 바람에 날려 보내는 고지식함과 50즈워티에 만족할 줄 모르는 불만, 그리고 계속된 도움에 만족하지 못하고 협박성을 동원한 큰돈에 대한 요구와 욕심이 이 안에 다

있다. 우리들의 자화상일지도 모른다.

코로나19의 위험 속에서 대면 예배만을 고집하는 일부 고지식한 종교지도자들, 투기 과열된 부동산을 잡겠다는 정부를 공산당이라 비아냥거리며 몰아붙이는 기득권의 불만 세력들, 아직은 살만하면서도 다 죽어가는 이들을 먼저 도와주는 일을 질투하여 돈 낭비라며 다 주든지 아니면 다 주지 말라고 떼쓰는 욕심쟁이들…….

'만약 신마저 도울 수 없다면, 인간인 우리가 무엇을 할 수 있겠는가?' 코로나19 시대에 사는 지금 우리야말로 신마저도 도울 수 없는 사람들이 되어가고는 있지 않은지 점검해보자. 자꾸 안주하고 게을러지려는 마음을 부지런함으로 가꾸고, 자꾸 고지식함과 불만, 욕심으로 어리석어지려는 마음을 융통성과 만족, 비움의 지혜로 가꾸어 나가며.

시인의 마을

루블린과 코브린 같은 도시에는 교양과 학식을 갖춘 사람들이 모여 '시의 밤' 행사를 열고 시인협회까지 두고 있는데, 왜 헤움에는 시인이 한 명도 없는가 하는 문제로 의회가 열렸다. 다양한 꽃과 낙엽, 헤아릴 수 없는 별, 독특한 모양의 구름들, 아름다운 눈동자의 여성들, 이따금씩 사랑에 빠지는 사람들이 있는 헤움에 부족한 것이 무엇이기에 시인이 없는가 하는 토론은 여러 날 동안 이어졌다.

해결책으로 시인을 초청해 '시의 밤'을 열기로 했다. 사람들은 이토록 헤움을 떠들썩하게 만든 시인들에 대한 궁금증으로 흥분했다. 그러나 행사 날 시인들이 입은 평균보다 세 배나 큰 검은 외투와 검은 모자에 놀라고, 낭송 내내 상대방보다 더 깊고 큰 목소리를 내려고 부르짖는 모습들에 실망했다. 관중을 생각지 않고 자신만 돋보이려는 모습이 옳지 않다고 판단한 대표는 서둘러 시낭송회를 마쳤다.

더 나은 해결책을 위해 다시 모인 현자들은 '시 경연대회'를 열어 헤움 최초의 시인을 뽑기로 했다. 주민 대부분이 접수했다. 밤늦도록 심사하고 다음 날 재심사하여 의회까지 열었으나 최고의 시를 선정하는 일은 어려웠다. 7일간의 검토 끝에 "우리는 시의 밤도 없고 시를 쓰지도 않았지만 시처럼 살아왔기에 모두가 시인"이라고 발표했다. 자신들이 시인이며 헤움이 시인의 마을이라는 자부심을 느낀 주민들은 전보다 더 시적인 삶으로 돌아갔다.

『인생우화』(류시화 저) 여러 이야기 중 「시인의 마을」을 읽으면 요즘 표현으로 사이다를 마신 것처럼 가슴이 뻥 뚫린다. 전해오는 우화를 재탄생시키며 넣어놓았을 저자의 의도가, 우리가 평소 잘난척쟁이 작가들에게서 받아오던 느낌이나 생각과 비슷한데다가, 핵심을 위트와 부드러움으로 잘 집어 흔들어놓았기 때문이다. 주민 모두가 시인이고 헤움이 시인의 마을이라는 반전 또한 신선하고 훈훈하다.

지금처럼 코스모스 하늘하늘 손짓하는 가을이나 꽃 잔치 한창인 봄이면 곳곳에서 글쓰기대회가 열린다. 안산문인협회만 해도 매년 봄엔 상록수 백일장, 가을엔 별망성 백일장과 성호문학상 공모전을 연다. 해가 거듭될수록 전국의 초, 중, 고, 대학생과 일반인의 참가율이 늘어나고 있는데, 올해는 코로나19 탓에 온라인 접수로 대체

했다. 다행히 종전보다 더 많은 작품이 접수되어 행복한 엄살들을 부린다.

심사를 하다보면 순수하고 솔직한 아이들의 글에서 웃음과 창의력을 얻고, 젊은이들의 정직함과 바른 가치관에서 불의와 타협했던 부분들이 부끄러워지기도 하고, 인생을 좀 사신 분들의 진솔하고 감동적인 사연에 공감하여 눈물짓기도 한다. 그 순간만은 누가 작가이고 누가 독자인지 헷갈린다. 모두에게 상을 주고 싶은 혜움 심사위원들의 마음과 같다. 아마도 점점 더 그렇게 되지 않을까 싶다.

"요즘 사람들은 책을 많이 읽지 않는다."라고 우려하는 목소리들이 있다. 책 판매 부수가 줄고 도서관 이용객이 감소했다는 통계를 근거로 들면서. 그러나 현실을 보면 과거와 비교해 출판사, 서점, 도서관의 수가 현격히 늘어난 데다 전자책까지 한몫을 하니 오히려 책을 더 많이 읽는다고 볼 수 있다. 거기에 집집이 미니서점처럼 책들이 그득한 환경인데 어찌 글쓰기 실력이 늘지 않을 수 있겠는가.

만약 글쓰기 실력이 늘지 않아 고민이라면, 따로 시를 배우지 않았어도 늘 시처럼 살아왔기에 모두가 시인이 된 혜움 마을 사람들처럼 살아보면 어떨까. 꽃과 낙엽을 보고 감동하고, 별과 구름으로 이야기를 만들며, 호기심 어린 눈으로 사물을 관찰하고, 사랑스러운 눈으로 누군가를 바라보는 삶을 날마다 살아간다면 어떻게 글이 나오지 않을 수 있겠는가. 작가들이 창작을 위해 자꾸 여행을 다니며 자연과 동화하려는 이유이기도 하다.

바보들만 모여 산다는 헤움의 사람들은 누군가 문제를 제기하면 아무리 사소한 일이라도 회의를 거쳐 제일 나은 방법을 찾으려 노력한다. 때때로 엉뚱하고 미련해 보이지만 상상을 초월한 해결책으로 모두가 평안하게 잘 살아가는 것을 보면, 헤움을 찾은 잘난척쟁이 시인들처럼 겉치레만 중요하게 생각하며 물질만능주의에 빠져 허우적허우적 살고 있는 현재의 우리가 어쩌면 진짜 바보들은 아닐는지 뒤돌아보게 한다.

참 잘 뽑은 반장

최근 미국의 대선 과정을 지켜보며, 트럼프 후보의 끝없는 막장 행동에 경악을 금치 못했다. 세계 최강대국 대통령이라는 사람의 행동이 어찌 초등학교 반장선거에 나오는 아이들만도 못한지, 한심스러울 따름이다. 돈이면 다 되는 물질만능주의가 이런 괴물을 미국의 대통령으로 앉혀놓았으니, 돈에다 권력까지 쥔 괴물이 그리 쉽게 내려오려 하겠는가. 이해관계를 떠나 자기밖에 모르는 막가파는 악당 두목이라면 어울릴지 몰라도 대통령감으로는 아니다.

이은재 작가의 동화책 『참 잘 뽑은 반장』은 초등학교에서조차도 어떤 반장을 뽑느냐에 따라 반장 임기 동안 학급 친구들이 학교생활을 편안하게 할지, 불안하게 할지가 결정된다는 것을 잘 보여주고 있다. 어른들 세계의 축소판 같다. 작가는 새 학기 서로를 모르는 가운데 외형이나 조건만 보고 반장을 뽑는 일이 얼마나 위험한 일인지 뼈저리게 느꼈던 어린 시절의 경험을 토대로 이 동화책을 쓰게 되었다고 '작가의 말'을 통해 이야기한다.

5학년 3반 1학기 선거에서 집안 좋고 잘생긴데다 공부까지 잘해 몰표로 반장이 된 '천재광'은, 이후 반장의 의무는 하지 않으면서 심복들에게 충성맹세를 받는 등 자신만의 비밀스러운 작은 왕국을 만들어 독재자처럼 군림한다. 마음에 안 드는 애들은 심복을 시켜 보복도 서슴지 않는다. 결국 천재광의 숨겨졌던 작은 왕국은 학교 폭력으로 꼬리가 밟혀 무너지고, 위기 상황에서 반 친구들을 단합시킨 '나(여의주)'는 지도력을 인정받아 차기 반장으로 뽑힌다.

『참 잘 뽑은 반장』을 읽다 보면, 이문열의 소설 「우리들의 일그러진 영웅」과 여러 비리 영화가 떠오르면서, 겉모습만 보고는 사람을 제대로 평가할 수 없다는 것, 부정한 돈과 권력을 따르다 보면 결국엔 파멸로 치닫는다는 것, 눈먼 애정과 신뢰는 진실을 외면하여 상황을 악화시킨다는 것 등 여러 깨달음을 새삼 얻게 된다. 하지만, 현실에서는 긍정과 부정, 참과 거짓, 진실과 사실을 구분하는 일이 말처럼 쉽지 않아 잘못된 판단을 하곤 한다.

음흉한 속마음을 숨긴 채 계산된 미끼와 탁월한 연기력으로 다가오면 넘어가지 않을 사람이 몇이나 될까. 다만, 빨리 알아채면 피해가 줄고 늦게 알아채면 피해가 는다는 차이만 있을 뿐. 경험했거나 촉이 좋아 부정, 거짓, 사실을 알아낸다고 하더라도, 대체로는 남의 일에 휘말리기 싫어 모른 척하기 일쑤다. '나(여의주)'가 천재광의 본 모습을 눈치채어 경계하면서도, 천재광을 짝사랑하는 절친 '김설'에게는 말을 못 하고 끌려다니는 것처럼.

트럼프류의 거친 마음을 숨기지 못하는 막가파들은 어디로 튈지 몰라 위험하고, 천재광류의 점잖은 척 연기하는 이들은 방심하다가 피해를 보니 조심해야 한다. 그래서 학기 초 반장선거는 일주일씩 돌아가며 해보다가 어느 정도 익숙해졌을 때 뽑으면 어떨까 싶고, 어른들 세계는 조금 더 난해하니, 지나온 행적, 도덕성과 법규 준수, 말과 행동의 상식선 등을 신중히 살펴본 후에 뽑으면 조금은 도움이 되지 싶다. 물론 겪어보지 않고서야 확신할 수는 없지만.

그래도 피할 방법이 아예 없는 것은 아니다. 물질의 노예가 되지 않겠다는 절제와 의지가 있다면 말이다. 모든 불미스러운 사건의 발단에는 금품이 연루되지 않던가. 돈으로 쉽게 사람의 마음을 얻으려 하고, 돈에 쉽게 넘어간 마음은 정직하거나 진실하지 않아 불안감을 주다가 결국 나쁜 방향에서 터진다. 천재광과 그 심복들의 비상식적 행동이 나쁜 결과를 가져왔듯 현실 여기저기서도 그러하니, 이 부분만큼은 우리가 충분히 조심하면 피할 수 있겠다.

그런데 눈먼 애정과 신뢰는 자신의 의지로 잘 바뀌지 않으니 큰 문제다. 주인공 '나(여의주)'의 친구 '김설'은 '천재광'의 겉모습에 반해 진실을 보려 하지 않는다. 절친인 '나'가 천재광을 극도로 싫어하는 걸 알면서도 늘 동행을 강요하고, 안 들어주면 절교 카드까지 쓴다. 민폐 캐릭터다. 골프코치나 학급담임도 절대적 믿음으로 천재광에게 넘치는 권한을 주어 문제의 발단을 만들었다. 이렇듯 잘못된 애정과 믿음은 이기적이고 어리석어 다른 이들까지 곤경과 혼란에 빠뜨릴 수 있으니 늘 신중할 필요가 있다.

거칠고 악독한 인물들은 어느 정도의 타고난 기질도 있겠지만, 어떤 위기에서 급하게 써본 거짓 행동이 사람들에게 받아들여지자 계속하여 발전시켜왔을 가능성이 크다. 그렇다면 그들의 잘못된 요구를 들어준 선량(?)한 우리도 반성해야 한다. 악을 악으로 갚을 필요까지야 없겠지만, 악에 늘 당하고 무조건 용서하는 것은 악을 점점 키우는 일이기에 단호하게 맞서야 하지 않을까. 천사도 악마와 계속 싸워왔기에 우리가 이만큼이나마 평안할 수 있는 것 같이.

자기를 드러내기 위해서라든가 이해관계 득실 때문에 나온 후보가 아닌, 진심으로 단체를 위하는 '나(여의주)' 같은 진실한 후보들이 장으로 많이 뽑히면 좋겠다.

행운이와 오복이로 행복하세요

안 그래도 사교육 열풍으로 평균 학력이 세계 상위 수준에 있으면서도 학생과 학부모, 학교 측 어느 한쪽 만족함 없이 불안, 초조, 우울을 경험하고 있는 나라에서, 요 몇 년 사이 부동산 가격까지 비정상적으로 폭등하며 부자들은 부자들대로 세금폭탄에, 서민들은 서민들대로 막힌 사다리에 집단분노 중이다. 거기에 코로나까지 한몫 거드니 지금은 가진 게 많건 적건 모두가 불행하다고 느끼는 불안과 혼돈의 시대다. 이럴 때 읽은 한 권의 동화가 신기하게도 마음을 평온하게 해주고, 진정한 행복이 무엇인지 다시금 생각하게 돕는다.

김중미 작가의 장편동화 『행운이와 오복이』는 사교육과 부동산 열풍의 부작용으로 빈부와 학력의 격차가 점점 벌어지면서 발생한 일부 계층에 대한 차별과 혐오 행위들이, 실은 잘못된 일임을 알면서도 현실과 타협하느라 모르는 척하며 살아오던 우리에게 부드럽게 경종을 울린다. 착한 사람이 멍청이, 바보 취급을 받는 세상이 되었으니 누구도 믿지 못하고 이기적인 성향들로 변해갈 수밖에 없다고는 하지만, 그래도 여전히 "착한 사람들의 착한 행동 덕분에 이 세상이 그런대로 살만한 것이고, 착한 사람이 한 명, 두 명 늘어나면 세상은 지금보다 좀 더 좋아질 것"이라는 작가의 말에 공감하며 희망을 얻는다.

은행에서 정리해고 당한 아빠의 연이은 사업실패로 부모님이 별거에 들어가면서 동생(행복)은 엄마를 따라 학군 좋은 강남으로 가고, 나(행운)는 아빠를 따라 학부모들의 기피 대상인 가난한 아이들이 사는 낡은 빌라촌으로 이사한다. 아빠의 오지랖을 빼닮은 나(행운)는 전따(전교 왕따) 당하는 오복이를 챙기다 친구가 되고, 오복이 할머니가 요양원에 입원하게 되면서 돌봐줄 사람이 없자 함께 살게 된다. 이웃의 장애가 있는 기수와 익수 형도 어려운 처지라 서로 챙기다 보니 언제부턴가 한 가족처럼 지낸다. 엄마가 알고 펄쩍 뛰지만, 아빠와 나(행운)는 지금이 편하고 좋다. 어찌 보면 몰락이지만 결코 절망적이지 않다.

그런데, 그런 생각과는 달리 하는 일마다 실패해서 이제 더는 부양이 버거워진 아빠, 학교에서 더욱 심하게 왕따를 당하는 오복이, 재개발로 집에서 쫓겨나게 된 기수와 익수 형, 잘살고 싶어 투자한 것이 잘못되어 전 재산을 잃게 된 엄마, 그래서 아빠에게로 오게 된 동생 행복이, 이들은 왜 이렇게 운이 없는 걸까? 약자들은 원래 복이 없으니 차별과 혐오, 부당함을 계속 참고 살아야만 하는 건가?

긍정의 아이콘인 행운이도 이제 모든 걸 포기하고 싶어질 때 즈음, 현실 같은 꿈에서 오복이가 말하던 「차복이 이야기」의 옥황상제를 만나 착한 일을 많이 하면 공덕이 쌓여 복을 받는다는 말을 듣는다.

옥황상제가 말하는 복은 물질적인 것이 아니다. 부족한 사람을 도와주는 행동이 착한 일이고, 그로 인해 만족하고 기쁜 마음이 들면 덕이 쌓이고, 서로의 부족함이 채워지면 복이 온다는 것이다. 그렇다면 나(행운)와 오복이는 둘이 한 모둠으로 예술제를 성공적으로 치러냈으니 이미 복을 받은 셈이다. 복도 옮는지 아빠의 푸드 트럭이 그새 안정을 찾아 직장을 잃은 기수 형과 함께 일하게 되고, 고모는 몸이 불편한 친할머니와 귀촌하게 되고, 엄마는 외할아버지가 하던 사업을 살려보겠다고 큰외삼촌과 함께한다. 비록 모두가 당장 가진 것은 없지만 서로 돕고 나누니 기쁨이 되어 덕과 복을 부른다.

"2016년 세월호 참사 2주기를 앞두고 무대에 올릴 인형극을 준비하다 「차복이 이야기」를 만났다. 나는 가난한 나무꾼이 남의 복을 빌려 다른 사람들을 도우며 함께 사는 이 단순한 이야기가 마음에 들었다."

작가가 꼭 쓰고 싶어서 이 책에 넣게 되었다는 「차복이 이야기」처럼 우리가 주변인들의 도움(복)으로 이만큼이라도 잘살고 있다고 생각하면, 상대에 대한 존중하는 마음이 들고 그것이 또 서로에게 착한 일로 덕이 쌓여 복을 받게 되겠다. 결국 이 동화의 엔딩은 해피하다. 비록 좋은 집과 차가 있는 것도, 제때 월급이 나오는 직장을 가진 것도, 공부를 잘하지도 잘할 수 있는 환경도 아니지만, 서로의 부족함을 채워주며 함께 도전해 나가는 가운데 느끼는 만족과 기쁨이 진정한 행복, 행운, 오복을 불러온다. 그리고 새로운 꿈이 생겨난다.

민주 국가에서 학군 따지고, 아파트 영끌해서(영혼까지 끌어모아) 사고, 돈 많고 권력 있고 학식 높은 사람들과 교류하려는 욕구를 개인의 자유 차원에서 뭐라 할 순 없다. 하지만 적어도 다른 이들에게 피해를 주면서까지 부정한 방법으로 취한다거나, 좀 가졌다고 못 가진 이들을 차별하고 혐오하는 행동은 삼가길 바란다. 그런 못된 행동들이 모여 결국 이렇게 모두를 힘들게 하고 있지 않은가. 이제라도 『행운이와 오복이』 속 주인공들처럼 착한 이들이 자꾸 늘어나 서로에게 행운과 오복이 되는 건강한 사회를 만들어 우리 삶도 해피엔딩이 되면 좋겠다.

아름다운 것은 자꾸 생각나

요즘 보육시설에 의한 원아 학대 뉴스와 가족에 의한 자녀 학대 뉴스가 자주 올라와 경악을 금치 못하고 있다. 보호해야 할 이들이 오히려 끔찍한 짓으로 어린 영혼들을 괴롭히고 있었으니, 이쯤 되면 전 국민 주기적 정신건강 검진이 필요해 보인다. 어른도 타인의 비난 섞인 말이나 무시하는 행동에 심장 출렁임을 느끼는데, 학대에 노출된 어린아이들은 얼마나 무서울까. 아이들은 미숙하여 어른들 생각처럼 움직여 주지 않는다. 종종 예기치 못한 사고도 친다. 그러니 보육 과정에 스트레스가 쌓일 수는 있다. 그렇다고 훈육의 선을 넘은 분풀이용 체벌이나 학대를 한다면 악마에게 종노릇 하는 꼴이다.

정도의 차이는 있겠지만 크게, 예의 바르고 적극적인, 통제가 안 되고 어수선한, 통제는 되는데 소극적인 성향으로 아이들을 나눠볼 수 있다. 문예 강사 초창기에는 어떤 성향의 아이들을 만나느냐에 따라 운이 좋거나 나쁘다고 여겼다. 그런데, 지켜보니 지도 방향에 따라 아이들의 생각과 행동이 움직였다. 그래서 설령 나쁜 습관이 있다 하더라도, 자신을(見) 충분히 이해하고(理) 도와주고(助) 사랑하는(啊) 이가 있다면 마음의 문을 열고, 차츰 변화되다가, 어느덧 달라진 모습을 보인다. 어린이는 스펀지 같아 잘 흡수한다.

지속적인 애정과 관심으로 선한 영향력을 끼치며 신뢰와 감동을 주는 가족, 스승, 친구, 이웃이 주변에 있다면 복 받은 인생이다. 신뢰와 감동은 남녀노소를 불문하고 좋은 관계 유지의 비법이다. 그러니 우리가 아이들에게 그런 어른이 되어주면 좋겠다. 나쁜 기억의 자리에 좋은 추억이 덧칠되도록 돕는 이의 모습은 아름답다. 여기 우리에게 아름답게 다가오는 좋은 선생님 한 분이 있어 소개한다. 신현이 작가의 동화 『아름다운 것은 자꾸 생각나』에 나오는 홍자 선생님이다. 작가 이름이 필자와 비슷해 다소 부담되지만, 예쁜 책에 이미 마음을 뺏겼다.

"잉어는 아름답습니다"

옛 제자가 가져다준 잉어에게 홀딱 반해 버린 홍자 선생님은 생물의 속말을 듣는 특별한 능력이 있다. 예민한 엄마 때문에 늘 깃털처럼 말수가 적은 나영이, 다그치는 엄마로 인해 입을 닫아버린 보경이. 나영이는 자신의 속말을 알아주는 홍자 선생님이 마음에 들어 보경이와 함께 아름다운 잉어 구경을 간다. 돌아오는 길에 보경이는 손가락에 입을 맞춰주던 잉어가 떠올라 혼잣말을 한다. "아름다운 것은 자꾸만 생각나는 것이야!" 이내 다정한 마음이 생긴다. 홍자 선생님과 잉어를 안아주는 꿈을 꾸던 나영이는 꿈결에 중얼거린다. "아름다운 것은 꿈에 나오는구나!" 홍자 선생님은 잉어, 나영이, 보경이의 다정한 속말에 기쁜 마음이 들어 오랫동안 달고 다니던 속말 차단 목걸이를 더는 걸지 않기로 한다.

"작은 아이의 마음이 목걸이의 방해를 뚫고 전달될 수 있었던 힘의 원천은 무엇인가?"

이 책은 '소리'와 관련이 많다. 속말을 들을 수 있는 홍자 선생님부터, 들릴 듯 말 듯 작은 소리로 말하는 나영이와 보경이, 소리에 민감한 나영이 엄마, 큰소리로 다그치는 보경이 엄마, 속말 차단 목걸이를 연구하는 교장 선생님까지. 다른 이의 속말을 듣는 기분은 어떨까? 때로는 좋겠지만, 주로는 괴로울 것이다. 홍자 선생님도 죽을 만큼 힘들어서 외할머니로부터 속말 차단 목걸이를 받아 걸고 다녔다. 그런데 잉어, 나영이, 보경이의 작고 부드러운 속말은 목걸이의 기능을 무기력하게 하고 아픈 마음을 기쁘고 따뜻하게 변화시켜 준다.

"마음속으로 다른 사람 흉을 보는 게 그 사람 속마음의 전부라고 생각했어요. 그런데 그게 아니었어요. 마음에는 또 다른 소리가 있었어요. 다른 사람 흉을 보면 안 된다고 속삭이는 소리가 있었어요. 마음 아주 깊은 곳에요. 사람들은 자기 마음속 깊은 곳에서 작게 속삭이는 이 목소리를 잘 듣지 못해요. 귀를 기울이지 않아서 그래요."

작가는 등장인물들을 통해 계속 아름다운 것은 자꾸 생각이 난다고 말한다. 그리고 작은 것들에 관심을 가지고 귀 기울여 들으면 아름다움을 발견하게 된다고 전한다. 불쾌감을 주는 크고 강한 소리가 아닌, 기쁜 마음이 들게 하는 여리고 다정한 소리가 사람을 바꾸고 세상을 바꿀 힘이 된다는 아름다운 메시지가 책장을 덮고도 계속 떠오른다. 어른의 힘으로 아이들을 누르려고 하면 아이도 망가지고 어른도 망가진다. 그냥 조용히 아직 여린 아이들의 작은 소리와 행동에 관심을 가지고 그 마음을 읽어주면 족하겠다.

"이 책은 아름답습니다"

욕 좀 하는 이유나

"너를 함부로 대하고 네 기분을 상하게 한 애의 사정을 네가 다 헤아릴 필요는 없어. 그 애가 힘든 일은, 스스로 해결하고 극복해야 할 일이야. 왜 네가 화풀이 대상이 되고 욕을 먹어야 해? 그건 걔가 잘못한 거야."

- 70쪽

류재향 작가의 동화 『욕 좀 하는 이유나』에서 주인공 유나가 친구 소미에게 하는 말이다. 어딜 가나 버리는 사람 따로 줍는 사람 따로 있듯, 자기감정 분출에만 바쁜 사람 따로 그 마음을 헤아려 인내로 들어주는 사람 따로 있다. 그래서 조화를 이루며 살아가는 듯 평온해 보이는지도 모르겠다. 하지만, 계속 참고 들어주는 쪽이 어느 순간 감정 쓰레기통으로 전락할 위험이 크니 선을 정해놓을 필요가 있겠다.

이 책의 주요 등장인물은 유나, 소미, 호준이다. 있는 듯 없는 듯

얌전한 소미가 어느 날 말괄량이 유나에게 흔히 하는 하찮은 욕 말고 창의적인 욕을 가르쳐달라고 부탁한다. 한 번도 들어보지 못한 외국 욕을 있는 대로 다 모아서 하는 욕 모둠 세트 호준이에게 복수하고 싶은 마음에서란다. 여기저기서 욕을 찾던 유나는 어느 순간 머릿속에 쓰레기를 저장하는 기분이 들어, 한국말인데도 호준이가 알아듣지 못할 새로운 욕을 발명하기로 한다.

"너는 싸가지를 깍둑썰기로 썰어 먹었냐? 이 씨알머리 없는 무뢰한아. 너 무뢰한이 뭔지 알아? 너처럼 무례한 사람을 말하는 거야. 생긴 건 딱 넓적송장벌레처럼 생겨 갖고. 네 낯짝을 보고 있자니 궤짝에 넣어 뚜껑에 못질하고 싶다. 꽝꽝!"

- 53쪽

외국에서 오래 살다 와서 맞춤법에 약한 호준이를 겨냥해 국어사전에 있는 단어들을 조합한 후 속사포처럼 쏟아부어 찍소리 못하게 만들자던 유나의 계획은 성공한다. 유나가 먼저 호준이를 찾아가 소미를 괴롭히지 말라고 경고하니, 호준이가 웬 참견이냐며 예의 그 영어로 된 욕을 내뱉는다. 유나도 기다렸다는 듯 준비한 말들을 속사포로 쏟아붓는다. 호준이는 씩씩거리다가 얼굴이 붉으락푸르락 해지더니 곧 울음을 터뜨리고 만다.

"유나야, 나 대신 호준이 혼내줘서 고마워. 하지만 이제 안 그래도 될 것 같아. 나는 그런 말 안 하는 유나가 훨씬 좋아. 그러니까 나한테 욕 안 가르쳐 줘도 돼."

-62쪽

기껏 도와줬더니 돌아온 소미의 문자에 기분이 좋지 않던 유나는 집에 가는 길에 호준이를 만난다. 호준이는 한국말이 서툴러 놀림을 당하다가 영어로 욕하는 것을 애들이 좋아하기에 계속하게 되었다며 사과한다. 유나는 호준이의 사과를 받아들이면서도 소미한테 가서 제대로 사과하고 국어사전도 좀 보고 진정한 친구도 사귀라고 조언해준다. 다음날 소미가 사과를 받았다며 호준이 입장을 걱정하듯 열거하자, 유나가 이 글 서두에 쓴 말을 한다.

"너를 함부로 대하고 네 기분을 상하게 한 애의 사정을 네가 다 헤아릴 필요는 없어. 그 애가 힘든 일은, 스스로 해결하고 극복해야 할 일이야. 왜 네가 화풀이 대상이 되고 욕을 먹어야 해? 그건 걔가 잘못한 거야."

- 70쪽

나를 위해 멋진 욕을 발명해 싸워줄 수 있는 친구, 단점을 좋게 봐주면서도 잘못은 지적해줄 수 있는 친구, 용기 내어 사과하고 쿨하게 받아줄 수 있는 친구. 유나 같이 용기 있고 적극적인 친구가 있으면 든든하겠다. 착하긴 한데 소극적이라 답답한 구석이 있는 소미 같은 친구에게 꼭 필요한 존재다. 욕을 달고 다니던 호준이에게 자극을 주어 반성하고 변화하게 했으니 호준이에게도 유나는 고마운 친구가 되겠다.

『욕 좀 하는 이유나』는 80쪽이 채 안 되는 적은 분량에 글씨도 크고 재미있는 삽화도 많아 금방 읽힌다. '욕을 좀 하는 친구 이유나', '욕을 하는 이유나 좀 들어보자' 하는 뜻의 이중 의미를 지닌 제목처럼 책 곳곳에서 작가의 창의력이 신선하게 돋보인다. 그리고 유나의 입을 통해 어떤 경우라도 폭력은 이해하고 받아줄 필요가 없다고 전한다.

요즘 들어 폭력 관련 뉴스가 많이 나온다. 예전부터 이어져 오던 일들이 묻혀있다가 이제야 봇물 터지듯 마구 드러나는 것이다. 그동안 폭력 앞에 무방비 상태로 당하기만 했던 이들은 얼마나 괴롭고 힘들었을까. 종로에서 뺨 맞고 한강에서 화풀이하듯 괜히 약한 주변인을 괴롭히는 사람들이 의외로 많다. 괴롭힘을 당하는 이들은 대체로 유나처럼 소극적이거나 착해서 받아주다 보니 점점 수위가 올라가는 것이다. 그래서 언어든 행동이든 누구라도 무례하게 굴거나 폭력적인 모습을 보인다면 단호히 차단해야 한다.

이 책을 많이들 읽어 어른도 아이도 욕하지 않는 사회가 되면 좋겠다. 부득이 꼭 해야만 한다면 유나처럼 연구해서 창의적이고 맛깔나게 하면 어떨까? 하찮고 저급한 욕은 인제 그만!

날고 싶은 아기 펭귄 보보

이 책은 딸아이가 재미있으니 읽어보라고 권해준 동화책이다. 어린이를 위한 동화라기보다는 '이루어지지 않을 것을 알면서도 꿈꾸는 나이 들기 싫어하는 모든 어른을 위한 일러스트 동화'란다. 일단 귀여운 펭귄들이 이리저리 총총거리는 표지의 삽화가 눈길을 끌며 궁금증을 유발한다. 하드 표지를 넘기니 속지 하단에 "꼭 무엇이 되지 않아도 괜찮은 ___님께 드립니다."라고 인쇄된 작은 글씨들이 보인다. '꼭 무엇이 되지 않아도 괜찮은'이라는 문구가 단박에 위로를 느낄 만큼 따뜻하다. 거기에 손글씨로 'OOO님께'를 보태면 받는 이에게 소중한 문장이 되겠다. 우리는 생각지 못한 작은 일에 감동할 때가 종종 있으니.

별난 아이디어를 잔뜩 가지고 있고 아무런 걱정도 없는 아기 황제펭귄 보보, 뭐든 만드는 재주가 있어 보보를 도와주는 이웃집 누나 코코, 가정주부이자 육아 담당인 아빠 알프래드, 남극의 유명 펑크록 가수로 늘 밖에 나가 일하느라 바쁜 엄마 캐서린, 여러 지역을 돌아다니며 현지 문화를 연구하는 박식한 삼촌 베네딕트, 아빠와 함께 기르는 앙증맞은 애완동물 아기 바다표범 눈송이, 빙하 나라의 전설 속 생물인 거대 펭귄(인간), 아무리 마셔도 취하지 않는 주량을 가진 아델리펭귄 어르신 듀크, 이렇게 여덟 명의 엉뚱하면서도 개성 넘치는 캐릭터들이 만들어내는 이야기가 신선하고 유쾌하다.

두 날개가 있지만 날지 못하고 두 다리가 있어도 짧아서 뒤뚱뒤뚱 걷는 남극의 신비한 새 펭귄. 다큐멘터리 촬영 팀이 생태 관찰 카메라를 설치해서 이들의 생활을 몰래 지켜보는 것으로 이야기는 시작된다. 아빠가 알을 품고 엄마가 먹이를 가져오는 황제펭귄들의 습성을 알고 보면 바깥에서 활동하는 보보 엄마와 안에서 살림하는 보보 아빠의 캐릭터가 쉽게 이해된다. 책 속 황제펭귄 마을에는 상대에 대한 편견이나 요구가 없다. 각자 자신의 개성을 맘껏 펼치며 자유분방한 모습들이다. 하늘을 날고 싶은 꿈을 가진 보보와 가족, 그리고 주변의 잔잔한 일상 속 에피소드들이 인간의 삶과 오버랩되며 크고 작은 교훈을 남긴다.

예를 들어, 엄마 잃은 아기 바다표범 눈송이를 만난 보보가 애완동물로 키우고 싶다고 하자 덩치 큰 애완동물은 안된다고 반대하던 아빠가 나중에는 보보보다 더 많이 눈송이를 예뻐하는 모습을 삽화로 보여주며, "책임감이 부족해서가 아니라 책임감이 너무 강해서 승낙을 꺼리는 사람들이 많아요. 일단 승낙하면 끝까지 책임을 지니까 더욱 신중히 결정하지요."(59쪽)라는 글로 정리해놓는 형식이다. 삽화가 있는 쪽들이나 몇 줄 글이 있는 쪽 모두 여백이 넉넉하여 여유가 있을 뿐 아니라, 메모 가능한 줄 쳐진 쪽까지 있어 천천히 보다가 느낌이나 생각을 써놓을 수도 있다. 펭귄 관점에서 인간을 관찰하는 부분에서는 웃음이 돈는다. 펭귄처럼 걷는 인간을 거대 펭귄이라고 이름 붙일만하다.

하늘을 날고 싶은 꿈을 가진 보보는 꿈속에서 드넓은 바다 위를 날아다니는 앨버트로스가 되었다가 아프리카 초원을 누비는 타조가 되었다가 숲속에서 춤추며 노니는 극락조가 된다. 또, 전설 속 신성한 도도새가 되었다가 빠른 속도로 수면 위를 스치는 제비가 되었다가 당당하고 용맹스러운 돌꿩이 된다. 신성한 불씨를 되찾아온 직박구리, 온몸의 깃털이 다채로운 색깔과 무늬로 빛나는 벌새, 로키산맥의 하늘과 땅을 수호하는 안데스콘도르, 밤의 제왕 부엉이가 되기도 한다. 보보는 자신이 원하는 어떤 모습으로든 살 수 있다. 하지만 무엇이 아니어도 되고 날지 못하더라도 괜찮다고 생각한다. 그리고 마지막으로 황제펭귄이 되는 꿈을 꾼다.

"가끔 나는 거울에 비친 썩 아름답지 않은 모습을 보면서 나에게도 영화배우 같은 미모가 있었으면 하고 바랄 때가 있었어요. 그리고 보보의 꿈을 통해 나의 마음을 발산하기 시작했어요. 그러다 생활 속에서 떠오른 재미있는 작은 아이디어들을 곧장 이 조그마한 펭귄을 통해 표현하게 되었고, 그림을 그려 나가면서

점차 중요하게 여기는 것을 더해갔지요."

저자 라이놀이 작가의 글에서 밝힌 보보의 탄생 이야기다. 라이놀은 대만의 인기 일러스트레이터로 동물을 주제로 한 그림을 주로 그린다. 생태와 젠더 친화적 소재에도 관심이 많다. 그래서 작가는 이 책을 통해 다른 이에게 상처와 피해만 주지 않는다면 어떤 모습이든 자신이 원하는 대로 살 수 있음을 전하고, 더불어 더 많은 사람이 환경에 관심 가져주기를 부탁한다.

『날고 싶은 아기 펭귄 보보』의 첫 페이지를 펼치는 순간, 그 귀엽고 앙증맞은 캐릭터 그림에 꼭 필요한 말만 말풍선과 지문에 적절히 배치해 놓아 보는 재미에 빠져, 곧 마지막 페이지를 덮게 될 것이다. 짧고 쉽지만 많은 생각거리를 주는 이 동화를 가족이 함께 이야기 나눠가며 읽으면 좋겠다.

데이빗은 사람일까, 아닐까?

요즘 젊은 친구들이 주로 읽는 책을 궁금해하는 서평가 엄마에게, 과학기술원에서 물리학을 전공하는 아들은 자신이 소장하기 위해 큰맘 먹고 샀다며 웹툰 단행본 『데이빗』과 『에리타』를 건넨다. 무슨 만화책을? 하다가 어련히 알아서 잘 골랐겠나 싶어 받아 놓았다. 예술대학에서 작사와 작곡을 전공하다가 취직을 위해 단기간 디자인 공부를 바짝 하더니 바로 서울로 출근하게 된 딸은 『세상에서 가장 작은 도서관』과 『동급생』을 건네며 빨리 읽고 돌려달란다.

받아 놓고 빨리는커녕 바쁜 일들로 책에 집중할 수가 없어 한동안 읽지를 못했다. 그러다 만만한 마음에 두 권짜리 웹툰 단행본 『데이빗』을 우선 집어 들었다. 결론은 기대 이상이다. 흑과 백으로만 이루어진 그림들이 단순하면서도 고급스럽다. "사람은 무엇으로 정의하는가?" 표지를 두른 띠지의 글처럼 글과 그림이 철학적이다. 작가의 창의력이 돋보인다. 이를 알아보고 입소문으로 인기를 끌어올린 독자층의 수준도 보통이 넘는다. 한국 웹툰의 장래가 밝다.

작가 d몬은 한 인터뷰에서, 돼지와 인간의 장기가 매우 흡사하다는 이야기를 접한 후 돼지와 인간의 다른 점이 비단 거죽 한 꺼풀인 외형뿐이고 그 안의 모든 게 인간과 같다면 그 돼지는 사람이라고 할 수 있지 않을까? 라는 생각으로부터 『데이빗』의 기획이 시작되었다고 말했다. 또, 생물학적 인간이 아닌 보다 넓은 의미의 사람에 대해 여러 방면으로 생각해보고 자유로이 의견을 나눌 기회의 장을 만들어보고 싶은 욕구를 발전시켜 나가고 있다고도 했다.

한 시골 마을 농장에서 태어난 새끼돼지 데이빗은 말을 한다. 주변에 아무것도 없어 심심하던 농장주의 아들 조지는 그런 데이빗을 집에 데려와 친구처럼 함께 지낸다. 돼지우리가 아닌 집에서 생활해온 데이빗은 그래서 자신도 사람이라 여긴다. 하지만 사람들은 그렇게 생각하지 않는다. 조지의 친구들이 그랬고 서커스단을 따라 떠난 대도시 사람들 역시 그랬다. 말하는 돼지 데이빗은 일약 스타가 되지만, 그의 존재에 대한 의문은 사람들을 갈등하게 만든다.

'데이빗은 사람이다'라고 주장하는 인권단체 리더 스피릿과 재선을 노리는 여당의 패터슨 의원, 그리고 추종자들, '데이빗은 사람이 아니다'라고 주장하는 과격종교단체 리더 토마스 목사와 야당의 리먼 의원, 그리고 추종자들의 팽팽한 대립은 점점 과격해진다. 결국 데이빗은 납치된 채 발정제 주사까지 맞고 동물의 원초적 모습을 보일뻔하다가 인간의 이성적 안간힘으로 반전을 만들어낸다. 그리고 이야기는 또 반전에 반전을 거듭하여 끝까지 긴장하게 만든다.

웹툰이 드라마나 영화에서 성공한 경우를 종종 본다. "당신 스스로를 사람이라고 생각하나요?" 『데이빗』 역시 탄탄한 스토리와 플롯을 갖췄으니 그대로 영화로 만들어도 말하는 돼지 데이빗이 던지는 철학적 질문의 신선한 충격으로 인기를 얻을 수 있을 것이다. 「데이빗」에 대한 관심은 후속 『에리타』에서도 여전하다. 사람처럼 말하고 생각하고 모습까지 똑 닮은 로봇 에리타가 묻는다. "사람처럼 말하고 생각하고 행동한다면 그는 사람일까, 사람이 아닐까?"

사람은 무엇으로 정의하는가의 심오한 질문에 사전적 의미의 '직립 보행을 하고 언어와 도구를 사용하며 문화를 향유하고 생각과 웃음을 가진 동물'이라는 간단한 글로는 답할 수 없겠다. 사람 취급받지 못하는 사람들, 사람 같지 않은 괴팍한 사람들, 사람보다 더 사람 같은 동물들과 로봇들. "그렇다면 당신은 무엇입니까?" 작가 d몬은 여기서 그치지 않고 『브랜든』을 마무리하며 '사람 시리즈 3부작'을 완성했다. 『브랜든』 단행본은 곧 출간 예정이다.

세계 각국의 계급사회에서 최하위 신분인 종과 전쟁포로는 사물, 동물같이 소유물의 한 종류로 취급받아왔다. 여자 역시도 남자의 소유물인 시대가 있었다. 21세기인 지금도 그런 나라들의 사건 사고 뉴스에 경악을 금치 못한다. 민주주의 사회 사각지대 곳곳에서도 사람이기를 포기한 괴물들로 인해 이번 생은 포기하고 살아야 하는 사람들, 생마저 포기한 사람들이 존재한다. 한편에서는 그런 이들을 구하고 위로하고 세워주려 동물과 로봇을 진화시키고 있다.

말하는 돼지 데이빗은 과연 사람으로 인정받았을까, 인정받지 못했을까? 결과가 궁금하면 책을 통해 직접 사색하고 사고하는 시간을 가져보기를 권한다. 그리고 우리 미래의 모습이 될지도 모를 에리타와 브랜든을 통해 인류가 어떻게 살아야 할지도 생각해보면 좋겠다. 아들 덕분에 창의력 높은 책을 접할 수 있어 행복했고 지면을 통해 독자들에게 권할 수 있게 되어 기쁘다. 다음 시간에는 세상에서 가장 작은 도서관을 찾아 도서 여행을 떠나보려 한다.

5부
영상 가로등

PROD.
ROLL
SCENE
TAKE
DIRECTOR
CAMERA
Date
Day Nite Int
Filter
Mos
Sync

파워 오브 도그

넷플릭스가 제작해서 작년 말에 공개한 영화 『파워 오브 도그』가 보름 전 영국 아카데미 시상식에서 작품상과 감독상을 받은 데 이어, 오늘 미국 아카데미 시상식에서도 감독상을 받았다. 이에 앞서, 이름 있는 여섯 곳의 비평가협회와 두 곳의 영화제, 세 곳의 시상식 등에서 30여 개의 다양한 상을 받았다. 이는 아주 잘 만들어진 영화라는 증거다.

실은, 이런 정보를 전혀 모른 채 신비스러운 외모의 배우 베네딕트 컴버배치가 주연이라는 거 하나만 보고 관람했는데, 반전에 반전을 더하는 긴장감 있는 각본과 각기 다른 색깔의 캐릭터를 소름돋게 표현해내는 배우들의 명연기, 예술적으로 촬영된 섬세하고 독특한 배경들, 엇박자의 은은한 여운으로 감탄을 자아내게 하는 작품성에 깊이 매료됐다.

"Deliver my soul from sword, my darling from the power of

the dog(내 생명을 칼에서 건지시며 내 유일한 것을 개의 세력에서 구하소서)" 영화 마지막 부분에 나오는 구약성경 시편 제22편 20절의 문장이다. 이 한 구절이 이야기를 탄생시킨 소재이자 드러내고자 하는 주제, 그리고 극을 이끌어가는 구성의 집약으로 보인다. 제목을 뽑기에 손색없다.

『파워 오브 도그』는 미국의 저명한 소설가 토머스 새비지가 어린 시절의 자전적 경험을 바탕으로 1967년 출간한 동명의 소설이 원작이다. 그러니 결국 실화를 토대로 한 영화가 되는 셈이다. 이런 경우 관련 정보를 찾아보고 소설까지 읽게 되면 퍼즐 맞추듯 흥미진진해진다. 대체로 소설을 읽고 영화를 보는 것보다 영화를 보고 소설을 읽을 때 호기심이 더 발동한다.

검증된 책을 영화로 만들면 각본이 탄탄해서 성공 확률이 높다. 하지만, 어떤 방식으로 영상에 담아내느냐에 따라 성패가 갈리기도 한다. 이 영화는 1994년 『피아노』로 아카데미 각본상을 받았던 뉴질랜드의 영화감독 제인 캠피온이, 인물들의 불안정한 심리상태를 새로운 느낌의 서부극으로 재탄생시키며 열다섯 개나 되는 감독상을 수상하는 쾌거를 거뒀다.

배경은 1925년 미국 몬태나주 서남부의 버뱅크 목장이다. 인물은 막대한 재력과 거친 카리스마, 날카로운 입담으로 상대를 제압하는 목장주 필(베너딕트 컴버배치)과 차분하고 수더분하며 자상하기까지

한 동생 조지(제시 플레먼스), 그리고 조지가 사랑하는 과부 로즈(커스틴 던스트)와 그녀의 꽃사슴처럼 여리고 섬세한 아들 피터(코디스밋 맥피)다.

필과 조지 형제는 외모도 성격도 상반되지만, 장년이 되도록 한 침대를 공유할 만큼 각별한 사이다. 조지는 피터의 괴롭힘에 속상해하는 로즈를 위로하다가 사랑에 빠져 결혼을 한다. 한집에서 살게 된 필과 로즈의 갈등은 커지고, 로즈는 불안감에 매일 술을 마신다. 피터는 그런 엄마가 애처로운데 우연히 필의 비밀을 알게 되면서 은밀한 복수를 준비한다.

능동적 읽기인 소설과 달리 수동적 보기인 영화는 장면이 휙 지나가기에 표정, 행동, 말, 소품, 장치 하나하나 집중해서 훑어야 흐름을 놓치지 않는다. 개의 형상을 한 산을 보며 나누는 대화와 성경 구절, 맨손으로 소를 잡고 말린 가죽으로 밧줄을 만드는 필과 살아있는 토끼를 해부하고 병으로 죽은 소의 가죽을 벗기는 피터의 모습 등이 모두 퍼즐 조각이다.

원작은 출간 당시 평론가들에게 찬사를 받았으나 대중의 관심을 끌지는 못해 30여 년을 묻혀 있었다. 그러다 2001년 작가 애니 프루의 해설과 함께 다시 출간되면서 재조명을 받게 된다. 필이 자신의 성 정체성을 숨기기 위해 거칠고 난폭하게 행동하고 한 번씩 아지트에서 의식을 치르듯 자신만의 시간 속에 빠지는 모습이 그 시대의 정서를 대변한다.

파워 오브 도그(the power of the dog)는 개의 세력, 강한 힘, 악당 등으로 해석된다. 유약해 보이지만 냉철한 이성을 가진 의대생 피터에게 엄마를 괴롭히는 목장의 최대 권력자 필은 그런 존재다. 어찌 보면, 마음의 빗장을 열고 진심으로 자신에게 호의를 베풀기 시작한 필을 치밀한 계획으로 조용히 제거한 완전범죄자 피터야말로 개의 세력일 수도 있겠다.

그렇다면, 필에게는 피하거나 제거하고 싶은 세력이 없었을까? 아마도 자신의 성 정체성을 이해하지 못하는 그 시대 사람들 전부와 그들에게 들키지 않기 위해 가면을 쓰고 살아야 하는 본인 스스로가 아니었을까 싶다. 그러니 개의 세력은 보이는 것일 수도 보이지 않는 것일 수도, 강한 것일 수도 약한 것일 수도 있다. 개의 세력은 그리 멀리 있지 않다.

올해 아카데미에서 상을 받은 작품들은 대체로 실화가 바탕이 된 탄탄한 원작이 있다. 코로나로 힘든 시국에 한계를 넘어서는 실화는 힘을 북돋우기 좋으니 자연스러운 현상이다.

필에 대하여

영화 『파워 오브 도그』의 시대적·공간적 배경과 등장인물, 그리고 원작 등 영화 관련 안팎의 전반적 내용을 훑어보았다. 이제 온전히 영화 속으로 들어가 제인 캠피온 감독이 무엇을 표현하려고 했는지, 관람 후 남아있는 이 묘한 여운은 무엇인지 좀 더 살펴봐야겠다. 영화는 총 5장으로 구성되는데 장마다 별다른 소제목 없이 숫자 1~5로만 표시해 놓았다. 이를 발단, 전개, 위기, 절정, 결말로 대입해 보면 좋겠다. 사실 이 영화는 친절한 편이 아니다. 내용에 대한 부연 설명이 거의 없다. 그래서 1~5장이 연결된 한 편이라기보다 토막 난 단편들처럼 느껴지기도 한다. 이야기의 흐름과 영상은 잔잔하고 환상적이나, 내용은 아른하게 보이다가 흐릿하게 사라지는 안갯속 같아 퍼즐 조각 맞추듯 장면 하나하나에 집중해야 한다.

1장은 미망인 로즈가 아들 피터와 함께 운영하는 숙박 겸용 식당에 버뱅크 가문의 목장주 필과 조지 형제 일행이 손님으로 오면서

겪게 되는 갈등의 시작이다. 2장은 의좋던 필과 조지 형제가 로즈로 인해 다투게 되고 둘 사이에 간격이 생기는 갈등의 전개다. 3장은 반대했음에도 로즈와 결혼해서 함께 목장으로 온 조지에 대한 필의 분노가 표출되고, 불안한 로즈는 점점 술에 의지하는 갈등의 위기다. 4장은 방학을 맞아 농장에 온 피터에게 보이는 엄마의 불안과 필의 비밀. 그로 인해 커지는 갈등의 절정이다. 5장은 유약한 피터에게 관심을 보이며 남자다움을 하나씩 가르치는 필, 그런 필과 아들의 관계에 불안감이 극에 달한 로즈, 그런 엄마를 보며 피터는 은밀한 구상을 하고 그것을 실행에 옮김으로 갈등의 고리는 끊는다.

주요 인물은 필, 조지, 로즈, 피터 네 명이다. 그중 영화의 등장 분량이나 갈등의 중요도로 봤을 때 주인공은 단연코 필이다. 하여 필이라는 인물에 대해 좀 더 알아볼 필요가 있겠다. 1~3장까지 보면, 필은 외모가 준수하고 머리가 비상하며 언변도 뛰어나고 예술성까지 갖춘 엘리트다. 소와 말을 통제하고 일꾼들을 제압하는 강한 지도력도 지녔다. 하지만 잘 씻지 않고 거친 언행으로 주변에 상처를 주곤 한다. 여리고 섬세한 피터에게 피터 양이라고 놀리며 공들여 만든 종이꽃을 불태운다거나, 로즈에게 꽃뱀이라 몰아붙이며 매사 무시한다거나, 동생 조지를 뚱보라고 부르며 목장 운영 전에는 쓸모없는 인간이었다는 말을 서슴지 않고 한다. 뭐든 본인 하고 싶은 대로 해야 하고 안되면 버럭 화를 내니 마치 악당 두목 같다.

4장부터 드러나는 필의 비밀스러운 행동은 이후 반전에 반전을 거듭한다. 계집애처럼 예쁘장하고 여리여리하며 섬세하고 영리한 머리를 가진 피터의 현재 모습이 과거 필의 모습이랑 겹치며 너무 닮은 둘의 모습에 혹시 부자지간은 아닐까 의심하게 만든다. 피터의 아버지는 자살했다고 나오는데도 둘 사이에 어떤 말 못 할 비밀이 숨겨져 있을 것만 같다. 계집애 같다고 피터를 놀리고 화를 내다가 어느새 아버지처럼 남자다운 행동을 가르치려는 모습에서 더욱 그렇다. 하지만 곧 그토록 숨기고자 한 필의 비밀은 그의 성 정체성임이 드러나며 그런 상상은 접게 된다. 대신 아름다운 두 남자의 야릇한 감정선에 두려움을 동반한 호기심이 인다. 당시로선 금기시되던 동성애를 다룬 하드코어의 드라마인가? 살짝 낯이 뜨거워지면서.

이런저런 앞서가는 관람자의 상상은 결론에서 또 깨진다. 필은 그동안 겹겹이 쌓았던 빗장을 풀고 그의 멘토가 그에게 했던 것처럼 피터에게 진심으로 다가갔으나 다른 생각을 품은 피터에 의해 죽음을 맞는다. 피터가 냉정하고 강한 면을 전혀 가지고 있지 않을 거라 자신했던 필의 판단은 틀렸다. 피터가 건네준 소가죽 끈으로 피터에게 선물할 밧줄의 마무리 작업을 한 다음 날 그는 죽는다. 원인은 탄저병이다. 관객은 알지만, 필의 주변인들은 왜 그가 탄저병에 걸렸는지 아무도 모른다. 허망한 그의 죽음은 영화 관람 후 찜찜함을 남긴다. 필에게 사랑은 고통 같다. 문란함과는 거리가 먼 지고지순함임에도 이성이 아닌 동성을 사랑했기에 평생 사랑을 가슴에 묻고 비밀을 간직한 채 살아야 하는 그의 외로움과 괴로움이 애틋하다.

영화는 관점마다 다른 해석을 낳을 수 있다. 필의 관점에서 보니, 개의 힘(악한 세력, 두려운 존재)은 남들과 다른 성 정체성을 가진 자기 내면일 수도, 자신의 성 정체성을 인정하지 않는 사회와 구성원들, 사랑하는 동생을 빼어간 애 딸린 과부 로즈, 호의를 배신한 의붓 조카 피터일 수도 있다. 모든 게 두려움이다. 우리 주변에도 필 같이 내면의 약함을 숨기기 위해 센 척 거친 언행을 하는 이들이 있다. 우리는 이들이 두렵지만, 이들 역시 우리가 두려운 것이다.

그 밖의 인물들

영화 『파워 오브 도그』의 주요 인물 필, 조지, 로즈, 피터 넷 중에서 가장 개성과 입체감이 두드러진 인물은 단연코 필이다. 그 다음은 하반부에 들어서야 입체감이 도드라지게 드러나는 피터다. 로즈와 조지는 보통의 전형적이고 평면적 인물에 속한다. 굳이 따지자면 로즈가 조지보다 조금 더 입체감이 있긴 하다. 현실의 세계에서도 선악을 떠나 개성 강하고 입체감 있는 인물과 평이하고 평면적 인물이 뒤섞여 살아가고 있는데, 보통은 한결같이 안정감 있고 믿음직스러운 평면적 인물을 좋아한다. 하지만, 작품은 개성 넘치고 입체감 있는 인물을 선호한다. 현실에선 협치와 단결이 중요하지만, 작품에서는 대립과 갈등의 중요도가 높은 것이다. 감독은 이런 점을 염두에 두고 모든 등장인물 개개의 내외적 성격과 갈등을 효과적으로 표현하기 위해 많은 시간 연구하고 검토했을 것이다.

필은 몇 회 더 이어갈 수 있을 만큼 이야깃거리가 풍부한 인물이다. 하지만 지난 시간 다루었으니 이제 나머지 주요 인물에게로 관심을 돌려볼까 한다. 우선, 필의 동생 조지는 필과 가장 대비되는 인물이다. 과격하고 거친 필과 달리 과묵하고 친절하며 자상하다. 주변에서 벌어지는 갈등에도 한결같이 안정감 있는 평온함을 유지한다. 자신을 통제하려는 형이지만 복종이 아닌 이해로 신뢰하고 따른다. 가여운 과부 로즈에 대한 측은함이 사랑으로 변해 결혼함으로써 그녀 모자에게 경제적 안정을 제공한다. 피터를 기숙학교에 보내 의학 공부를 시켜주고 로즈에게는 고가의 피아노도 선물한다. 다수의 사람이 좋아할 만한 따뜻한 성품이라 현실이라면 좋은 평을 받을 만하지만, 처음부터 끝까지 성격의 변화가 별로 없으니 작품 측면에서는 밋밋하여 별 재미 없는 인물이기도 하다.

늘 초조하고 불안해하는 로즈는 남편 조지와 반대 성향의 전형적이고 평면적 인물이다. 그러니까, 조지가 안정적 성향의 평면적 인물이라면 로즈는 불안정한 성향의 평면적 인물이라 할 수 있다. 로즈는 조지와 결혼하기 전부터 징징거리는 약한 모습으로 아들 피터와 손님 조지의 보호본능을 자극하더니, 조지와 결혼한 후에도 내내 불안해하다가 술에 의지하며 망가지는 모습을 보인다. 스스로 극복하려는 의지 없이 망가진 로즈의 모습은 아들 피터로 하여금 엄마를 두렵게 하는 존재 필을 제거할 계획을 세우게 만든다. 결국 필의 죽음으로 로즈가 안정감을 되찾고 행복해지긴 했다. 하지만 관객의 눈에서 볼 때, 아들 피터를 살인자로 내몬 엄마 로즈가 곱게 보이진 않는다. 여담이지만, 조지 역의 제시 플레먼스와 로즈 역의 커스틴 던스트가 실제 부부여서인지 필이 더 외로워 보였다.

피터는 1장 시작 부분에서 해설을 주도함으로 극을 이끌어가는 중요한 인물로 비치다가 2~3장에 들어 모습을 전혀 드러내지 않음으로 존재감을 잃었다. 그러다 4장부터 여리여리한 모습 뒤에 가려 있던 섬뜩할 만큼 냉정하고 강한 면모를 드러내 보임으로 조용히 입체적 인물로 급부상한다. 이 부분은 관객만 알지 영화 속 등장인물들은 전혀 모른다는 점에서 굉장히 인상적이다. 어떻게 보면 필보다 무서운 인물이 피터다. 자신의 감정을 드러내지 않고 계획을 차분히 실제로 옮기는 모습은 긍정적으로 볼 땐 '진국'이지만 부정적으로 보면 '사이코'다. 영화 도입부에서 느껴지던 서부물적인 요소들이 필과 그 외 인물들의 갈등으로 심리물로 변화하다가 피터의 재등장으로 스릴러물이 되었다. 필의 죽음에서 시작해 범인을 찾아가는 추리극으로 만들어도 좋을 묘한 느낌의 영화다.

관람 후 거칠고 강한 필에게 연민을 느끼는 관객이 많았음을 후기 글들을 통해 알 수 있다. 감독의 의도가 잘 실현된 것이다. 토머스 새비지의 자전적 원작소설은 약자인 피터(작가 자신)의 입장에서 그려졌다고 하면, 제인 캠피온 감독의 영화는 필(그 시대가 낳은 약자)의 입장에서 재탄생 되었다. 감독은 인터뷰를 통해 우연히 소설을 읽고 남들과 다른 성 정체성으로 겪었을 필의 혼란과 외로움, 두려움, 그리고 사랑과 아픔이 계속 측은함으로 맴돌아 영화를 만들게 됐다고 밝혔다. 작가는 자신이 의도한 바대로 글을 쓴다. 하지만 해석은 시대와 대상에 따라 달라진다. 각기 다른 해석은 또 다른 작품을 탄생시킨다. 영화 「파워 오브 도그」도 그렇게 만들어졌고, 또 다른 해석의 여지를 남긴다. 좋은 장이 맛있는 음식을 만들듯 탄탄한 원작이 군침 도는 맛난 영화를 만들었다.

내 사랑 모드(Maudie)

아름다움이란 어떤 것일까? 사람들은 매끈하고 잘 빠진 것, 화려하고 우아한 것, 세련되고 황홀한 것들을 보면 대체로 예쁘다, 아름답다고들 한다. 틀린 말이 아니다. 다만, 그런 보이는 것들은 무뎌지거나 싫증을 느끼거나 변형되기에 오래가지 못한다. 하지만 내면 깊은 곳에서 뿜어져 나와 타인의 마음을 감동으로 물들게 하는 한결같은 순수함과 진정성은 시간이 갈수록 빛을 발하기에 초라하거나 추한 외형적 조건도 아름답게 채우고 바꾸는 힘이 있다.

캐나다가 사랑하고 아끼는 국민 화가 모드 루이스의 일생을 그린 『내 사랑』은, 전반적으로 나오는 그녀의 깨끗하고 간결한 그림들 때문인지 마치 한 편의 가슴 뭉클한 풍경 동화처럼 아름답다. 아일랜드 출신 감독 에이슬링 월시, 영국의 실력파 배우 샐리 호킨스, 할리우드 미남 명배우 에단 호크가 만나 캐나다 화가 모드 루이스의 일생을 멋지게 연출했다. 실화가 바탕이 된 영화는 많은 관객에게 감동을 주었고 작품성에서도 호평을 받아 관객상까지 받았다.

류마티스 관절염 때문에 장애가 있는 모드는 부모님이 돌아가시고 숙모 집에 얹혀 불편한 동거를 하고 있다. 어느 날 가정부를 구한다는 생선 장수 에버렛의 이야기를 듣고 독립을 작정한 그녀는 짐을 싸서 그의 집을 찾아간다. 괴팍하고 거칠며 무뚝뚝한 성격의 그는 장애가 있는 그녀를 퉁명하게 대한다. 하지만 낡고 작은 오두막이 그녀의 요리와 그림들로 활기를 찾아가자 차츰 호의를 보인다. 급기야 둘은 결혼하여 티격태격, 오순도순 행복하게 살아간다.

몸은 장애가 있어 건강하지 못해도 맑고 따뜻한 성품을 지닌 모드와 몸은 건강하지만 투박하고 차가운 성품을 지닌 에버렛이 만나 서로의 부족한 부분을 채워가며 알콩달콩 살아가는 모습이 애잔하다. 해맑게 웃는 그들의 표정처럼 다섯 평 정도의 초라한 오두막도 동화 속 밝은 집으로 변해 이야기를 쏟아낸다. 그림이 된 이야기는 소문을 타고 널리 퍼진다. 사람들이 찾고 언론에 소개된다. 심지어 미국의 닉슨 대통령이 그녀의 그림을 주문하기까지 한다.

유명해지면 그림값도 몸값도 비싸지니 삶이 바뀔 만도 한데 욕심 없는 루이스 부부는 오두막에서 그림을 그리고 생선을 팔며 지내던 예전의 소박한 삶을 그대로 유지한다. 달라진 건 그들의 삶이 그림 그리는 쪽으로 더 기울여졌다는 것과 모드의 몸이 점점 더 굳어간다는 것, 그리고 그런 그녀를 에버렛이 더욱 살뜰히 챙겨준다는 것이다. 소박한 부부의 순박한 사랑과 행복이 크게 다가오는 부분이다. 그들의 사랑과 행복은 그림에 스며들어 전 세계로 전해진다.

샐리 호킨스와 에단 호크의 일품 연기에서 나오는 "내가 왜 당신을 부족한 사람이라 생각했을까?"라는 에버렛의 대사와 "난 사랑받았어요. 내 인생 전부가 이미 액자 속 그림에 담겨 있어요"라는 모드의 대사가 인상적이다. 수레를 끄는 에버렛의 뒤를 불편하게 따라가던 모드가 수레에 앉아 서로를 바라보며 가는 장면도 인상적이다. 기르던 개나 닭보다 낮은 서열에서 시작한 관계였으나 이제 평등한, 아니 그보다 중요한 위치에 올라선 관계가 된 것이다.

이런 사랑과 행복을 가능하게 한 데는 긍정적이고 자발적이며 지혜로움까지 갖춘 성격에 그림 그리는 일에 식지 않는 순수한 열정을 가진 모드의 역할이 물론 크지만, 뉴욕에서 온 산드라의 매개 역할도 무시할 수 없겠다. 모드의 그림에 관심을 보이며 첫 번째 고객이 되어 계속해서 그림을 그리도록 동기 부여해주었기에 모드가 유명한 화가의 길을 걷게 되지 않았을까 싶다. 누군가의 재능을 알아보고 길을 열어주는 일은 대단히 선구자적이고 멋진 일이다.

영화 『내 사랑』은 모드 루이스의 생애와 작품에 관한 책을 여러 권 출간한 랜스 울러버의 저서 『내 사랑 모드』를 원작으로 하고 있다. 그림책처럼 순수하고 아름다운 한 편의 영화를 보고 나면 감동을 넘어 루이스 부부의 실제 삶과 그림들이 궁금해져 인터넷을 검색하게 된다. 그리고 그들의 이야기를 통해 나는 어떤 소중한 사랑을 간직하고 있는지, 현재의 주어진 삶에 만족하며 행복함을 느끼고 사는지를 스스로 묻고 뒤돌아보게 만든다. 치유의 효과도 있다.

사랑의 농도와 행복의 크기를 물질적 조건에 빗대어 측정하는 속물 시대에 사는 우리에게 이 영화는 많은 깨달음을 준다. 루이스 부부의 이야기를 통해 우리 마음속에 잘못 새겨진 사랑과 행복의 정의를 바꿔보는 것도 좋겠다. 가진 자들끼리 칭송하고 힘겨루기하는 기형적이고 우울한 세상이 아니라, 가진 게 없어도 부족함이 많아도 서로 보듬으며 마음껏 사랑하고 누구와도 비교당하지 않으면서 충분히 행복할 수 있는 진짜 아름다운 세상을 만들어가면 좋겠다.

나이브스 아웃

추리소설을 좋아해서 밤을 새워가며 읽던 때가 있다. 추리소설은 복잡한 퍼즐 맞추듯 범인을 찾아가는 과정이 긴장감 있고 흥미로워 재밌다. 추리소설만큼이나 추리극, 추리영화도 좋아한다. 소설은 여유를 가지고 함께 추리해가며 읽으니 좋고, 극이나 영화는 정신없이 빨려 들어가니 좋다. 지금도 추리물을 좋아하지만 바쁜 일상에 치어 잘 보지 못하다가 최근 몰입도 최강의 추리영화 한 편을 봤다. 2019년 개봉, 2021년 재개봉한 미스터리 모던 추리 스릴러 장르의 미국 영화 『나이브스 아웃』이다. 12세 이상 관람가답게 깔끔하고 신선하다.

이 영화는 우선 출연진이 화려하다. 『007』 시리즈에서 7대 제임스 본드 역할을 한 다니엘 크레이그, 『어벤져스』 시리즈에서 캡틴 아메리카 역할을 한 크리스 에반스, 『할로윈』 시리즈에서 로리 스트로드 역할을 한 제이미 리 커티스, 『아나벨』에서 팔로마 역할을 한 아나 드 아르마스 등 호화로운 배우들의 열연은 안 그래도 흥미로운 극 전개를 더욱 탄탄하게 해주며 눈 호강을 시켜준다. 거기에 원작이 따로 없어 사전 정보 없이 보게 되는 영화의 이야기 전개는 참신하고, 구성 방식은 반전에 반전을 더하며 감탄을 자아내게 한다.

인기 추리작가 할렌의 85세 생일파티에 가족이 모인다. 그런데 다음날 목이 칼에 베인 채 죽어 있는 할렌이 발견된다. 경찰은 탐문조사 후 사건을 자살로 종결하나, 사립 명탐정 브누아는 조사를 이어간다. 브누아는 거짓말을 하면 바로 구토하는 체질을 가진 간병인 마르타의 도움으로 범인 찾기에 박차를 가한다. 한편 할렌의 전 재산이 간병인 마르타에게 상속되자 분노한 가족은 상속을 포기하라며 마르타를 공격한다. 이때 할렌의 망나니 손자 랜섬이 나서 마르타를 돕는다. 여기서부터 반전에 반전을 더하며 추리영화의 기교가 절정을 이룬다.

과연 할렌의 죽음은 자살일까, 타살일까? 결론적으로 말하면 자살이다. 할렌은 왜 자살했는가? 마르타가 실수로 약물을 잘못 투여해 자신을 죽게 한 사실을 감춰주려는 마음에서다. 그럼 마르타가 범인인가? 아니다. 상속받을 유산이 없다는 사실을 알게 된 랜섬이 약을 바꿔놓았고, 그걸 마르타가 무의식중에 다시 바꿔 주사했으니 마르타는 범인이 아니다. 할렌은 왜 가족이 아닌 마르타에게 유산을 남겼을까? 평생 버릇없이 의존하는 불성실한 자녀들을 독립시키고 진심으로 자신을 친절하게 대해준 성실한 마르타에게 선물을 준 것이다.

이 추리영화의 등장인물 중 최대 수혜자는 마르타다. 불법 이민권자의 딸로 늘 불안하고 가난한 삶을 살아왔으나 마르타는 천성적으로 거짓말을 못 하고 자신의 이익을 위해 남을 해치거나 곤경에 빠뜨리지 못한다. 자신이 위험해지더라도 진실을 밝히는 데 주저하지 않으며 결과 지향적이 아닌 과정 지향적 삶을 산다. 그래서 이런 진가를 알아본 할렌이 전 재산을 상속하게 되지 않았나 싶다. 그렇다면 나머지 가족은 피해자인 걸까? 그렇지는 않다. 원래 자신들의 재산이 아니었기에 피해를 봤다 할 수 없겠다. 오히려 과욕을 부린 결과인 셈이다.

영화는 각본과 구성도 중요하지만, 시각적 효과에 따라 성패가 좌우되기도 하기에 영상미가 무척 중요하다. 「나이브스 아웃」은 그런 점에서 성공했다. 고풍적으로 보이는 저택을 배경으로 자칫 가벼워 보일 수 있는 현대극을 중후하게 만들었다. 열한 명 등장인물의 의상은 각자의 개성을 살려 색상과 스타일을 달리했다. 다채로운 의상들이 고풍스러운 저택과 어울리며 조화를 이룬다. 과거형에 힘이 실리는 추리극답다. 메인화면의, 칼에 베인 주검의 사유를 파헤쳐 범인을 잡겠다는 의미를 함축한 듯한 칼 모양 손잡이가 있는 돋보기도 눈에 띈다.

거실에 있는 원형으로 장식된 여러 자루의 화려한 칼들 역시 남

다르다. 결말 부분 자신이 고용한 사립 탐정 브누아에 의해 범인으로 몰리며 악에 받친 랜섬이 마르타를 찌르기 위해 꺼내든 칼은 하필 연극용 가짜 칼이다. 할아버지 할렌이 간병인 마르타에게 전 재산을 상속한 사실을 미리 알고 약을 바꿔치기해 마르타를 범인으로 몰아 유산을 챙기려던 목적이 달성하지 못한 것처럼, 이번에도 마르타 제거에 실패한다. 거짓이 진실을 이길 수 없고, 가짜는 진짜에 진다는 의미 같다. 적어도 이 영화 속에서 가족은 가짜이고 간병인이 진짜인 셈이다.

『스타워즈 : 라스트 제다이』의 감독이었던 라이언 존슨이 10년이나 준비해서 내놓은 『나이브스 아웃』은 전문가와 관객 모두에게 높은 평가를 받았다. 『나이브스 아웃 2』가 올해 개봉한다고 하니 벌써 기대감이 부풀어 오른다.

더 웨이 홈

세상에는 이기적 독불장군이 의외로 참 많다. 우주가 자기 위주로 돌아가야 직성이 풀리기에 무례한 말이나 행동을 일삼아 주변을 불쾌하게 만들고 상처까지 입힌다. '내로남불'의 주범이기도 한 이들이 가까이 있으면 화병이 안 생길 수가 없다. 참자니 스트레스가 쌓이고 싸우자니 혈압이 상승한다. 그러니 괜한 병에 걸려 고생하지 않으려면 무시하고 반응하지 않는 게 상책이다. 뭉클뭉클 가슴 따뜻해지는 영화 한 편 보면서 그들을 마음에서 지우자.

『더 웨이 홈』은 동물이 주인공으로 나오는 어드벤처 가족물이다. 2019년 전체관람가로 개봉하여 많은 이들에게 감동을 줬다. 사랑과 정이 넘치는 첫 주인 루카스 가족과의 추억이 깃든 집을 찾아가기 위해 640km의 거리를 2년 6개월간 산전수전과 우여곡절을 겪으며 헤매다가 마침내 그토록 그리워하던 가족과 상봉하게 되는 주인공 개 '벨라'의 아름다운 이야기다. 실화를 바탕으로 제작되었다는 뒷얘기에 더욱 가슴 뭉클해지는 멋진 영화다.

동물을 키우는 이들은 한결같이 사람보다 동물이 낫다고들 말한다. 아전인수(我田引水) 하는 계산적 사람들과는 달리 한결같은 충실함으로 눈물 콧물 쏙 빼놓을 만큼 감동적인 상황을 만들기 때문이다. 영화 속 주인공 벨라만큼은 아니지만, 우리 집에도 남편이 '신현미 껌딱지'라고 부르는 시츄가 한 마리 있다. 12년째 한결같이 나만 바라보고 쫓아다니는데, 그 눈이 어쩜 그리 맑고 간절하고 예쁜지 보고 있으면 사랑하지 않을 수 없게 만든다.

감독 찰스 마틴 스미스는 1953년생으로 배우 활동을 하다가 우연한 기회에 영화제작 기법을 배우게 되면서 감독으로 데뷔했다. 연출, 연기, 집필 활동을 겸하던 그는 1997년 떠돌이 개 버디와 소년의 우정을 그린 영화 『에어 버드』를 발표하여 흥행과 수상이라는 두 마리 토끼를 잡는 데 성공한다. 이후 『바넘』, 『돌핀 테일』 시리즈, 『더 웨이 홈』, 『내 어깨 위 고양이, 밥2』 등 동물이 나오는 가슴 따뜻한 영화를 주로 만들어 히트 치고 있다.

영화에는 몇 가지 대조되는 설정이 있다. 우선, 동물 단속반과 동물 보호국이다. 한쪽은 단속하여 잡아가고 심한 경우 안락사까지 시킨다. 한쪽은 먹이를 주고 보호하려 폐건물 철거까지 막는다. 벨라는 단속반에 가족을 잃었지만, 동물을 사랑하는 루카스와 그의 가족을 만나 사랑 듬뿍 받으며 자라 아픈 마음을 위로하는 능력을 발휘한다. 동물 단속반은 사람을, 동물 보호국은 동물을, 보호하려는 대상이 다를 뿐이니 좋고 나쁨의 문제는 아니다.

다음, 앞부분의 어린 강아지 벨라를 돌봐주는 어미 고양이와 뒷부분 어미 잃은 새끼 퓨마를 돌봐주는 성장한 벨라의 모습 설정이다. 강아지 벨라는 자라며 어미 고양이보다 커지고, 새끼 퓨마 역시도 자라며 다 자란 벨라보다 커진다. 도움은 강한 자가 약한 자에게 준다는 설정이 마음에 든다. 벨라가 위기에 처할 때 나타나 도움을 주는 사람은 어른, 아이 없이 벨라에게 강자다. 하지만 심신이 약한 사람에게는 반대로 벨라가 위로로 도움을 준다.

마지막으로, 동물을 키울 수 없는 덴버시와 키울 수 있는 골든시가 대조적이다. 가까이 접한 곳인데도 시의 정책과 법에 따라 동물을 키우는 일이 합법 할 수도 불법이 될 수도 있는 것이다. 그런 일은 많다. 지역마다, 단체마다 같은 일도 처리하는 방식에 따라 달라질 수 있다. 같은 용어를 두고도 해석이 다른 예도 있다. 무엇을 중하게 여기는지에 따라 그 지역, 단체의 규율과 규칙이 달라서 그런 것이니, 이 또한 옳고 그름의 문제는 아니다.

주인공 벨라가 밖에서 만난 사람들이나 동물들이 나빠서 죽음을 무릅쓰고 루카스를 찾아 나선 것이 아니다. 노숙자 액셀이 자기 곁에 두려고 목줄에 쇠사슬을 걸어놓은 바람에 탈진했던 일, 늑대 무리가 위협해서 목숨을 잃을 뻔한 일을 빼고는 모두가 벨라에게 친절했고 함께 있길 원했다. 지내기에 더없이 좋은 조건의 집도 있었고 친구도 있었다. 하지만 '벨라는 루카스의 개이고 루카스는 벨라의 사람'이기에 힘든 여정을 마다 않은 것이다.

충실한 개 한 마리가 웬만한 사람보다 낫다는 말이 실감 나는 영화다. 루카스의 눈빛 연기, 몸 연기가 어쩜 그리 훌륭한지, 그리고 속마음 목소리 연기도 좋았다. 나이 시츄 쫑이도 늘 지친 내게 위로를 준다. 이제 내가 쫑이의 껌딱지가 되어야겠다.

캐스트 어웨이

제20대 대통령 선거를 마쳤다. 예전 같으면 이긴 쪽의 축제 분위기가 압도적이라 진 쪽은 허탈하고 속상하더라도 수긍하고 일상으로 돌아갔다. 그런데 이번엔 초박빙이어서인지 무슨 일이라도 터질 것 같은 팽팽한 긴장감이 감돈다. 선거 내내 이슈몰이 되던 젠더 갈등, 세대 갈등, 지역 갈등이 후유증으로 남아 국민 간 다툼으로 번지는 것은 아닐까 불안하다. 그러니 이긴 쪽이든 진 쪽이든 지나치게 상대를 자극하는 말과 행동으로 갈등의 골을 깊게 파지 않았으면 좋겠다. 지금은 무엇보다 화합과 협치를 통한 안정이 필요하다.

할리우드 대표 배우 톰 행크스를 모르는 이는 없을 것이다. 다양한 장르의 작품에서 개성 넘치는 연기로 호평을 받으며 상도 많이 타고 인기도 높았으니 당연하다. 이런 그도 인생 초년기, 연기 초반에는 매우 힘들었다고 한다. 영광스러운 명품 배우의 타이틀이 그냥 생긴 게 아니다. 끊임없이 노력하여 얻게 된 성과물이다. 관객에게 기쁨과 위로, 감동을 준 많은 작품 속 인물 중에서 2001년 개봉작 『캐스트 어웨이』의 척 놀랜드 역은 상실감으로 절망에 빠진 이들, 갈 길을 잃어 방황하는 이들에게 특히 큰 위안과 희망을 주었다.

세계적 택배회사(페덱스) 직원인 척은 연인 캘리에게 청혼을 하던 중 회사의 호출을 받아 전용 비행기를 타고 해외로 떠난다. 그런데 폭풍우에 항로를 이탈한 비행기가 설상가상 폭발하며 태평양 한가운데로 추락한다. 겨우 살아남은 척은 구명보트를 타고 사람 한 명 없는 외딴섬에 도착해 구조대를 기다리며 하루하루 버텨나간다. 그렇게 4년의 세월이 지난 어느 날 알루미늄 판자 하나를 발견하며 탈출을 궁리한다. 결국 엉성하게 만든 뗏목에 올라 거친 파도를 헤치고 바다로 나가 몇 번의 죽을 고비를 넘기고 기적적으로 구출된다.

이렇게만 끝나면 고생 끝 행복 시작이겠지만, 이후의 상황은 더 절망적이다. 지난 4년간 그토록 그리워했던 연인 캘리는 이미 다른 남자와 결혼해 아이까지 키우며 단란한 가정을 꾸려 살아가고 있고 자신은 죽은 사람으로 되어 있다. 척과 캘리는 여전히 서로를 사랑하지만, 현실은 그렇지 못하기에 놓아줄 수밖에 없다. 다시 갈 길을 잃은 척이 갈림길에서 어디로 갈지 고민하는 마지막 장면이 먹먹하다. 정도의 차이는 있겠지만 우리도 척처럼 상실감, 절망감, 외로움, 두려움에 가야 할 길을 잃고 헤맬 때가 종종 있다.

영화는 처음과 마지막 부분을 제외하고는 톰 행크스의 독무대다. 그는 홀로 무인도에서 살아남기 위해 고군분투하는 시간의 흐름을 말과 행동, 모습의 변화만으로 관객들에게 느끼게 해준다. 볼록했던 배는 점점 말라가다가 근육질로 변하고, 반질거리던 얼굴은 수염으로 차츰 덥수룩해진다. 사냥하고 불을 피우는 데 성공하거나 배구공을 친구 삼아 외로움을 달래는 모습은 몰입도를 높여 지루할 틈을 주지 않는다. 어느새 감정 이입된 관객들은 그의 외로움에 함께 괴로워하며 속상해하다가 기뻐하고 안도하며 희망을 품는다.

무인도 표류 전과 후의 상황은 대조적이다. 늘 쫓기던 시간은 하릴없이 많아졌다. 쉬지 않고 움직이던 카메라도 고정된다. 넘쳐나던 먹거리는 직접 찾아내지 못하면 먹을 수 없다. 세계를 누비던 삶은 옴짝달싹할 수 없게 갇혔다. 시간이 없어 못 만나던 친구와 연인을 시간이 남아돌아도 만날 수가 없다. 혼자만의 여유가 필요했는데 혼자 있는 것에 공포감을 느낀다. 냉철하고 이성적이던 성격이 기복이 심한 감정적 성격으로 변해간다. 가진 모든 것을 일순간에 잃었다. 하지만 삶에 대한 마지막 희망의 끈만은 절대 놓을 수 없다.

일상으로 돌아온 척에게 다시 많은 변화가 생긴다. 수염을 깎고 말쑥한 모습으로 인터뷰에 응하고, 큰 대게가 놓인 파티에도 참석한다. 사람들도 만난다. 사랑했던 캘리도 만난다. 하지만 그녀는 이미 결혼한 상태다. 그녀를 만나야 한다는 맹목적 목적으로 열심히 달려온 부분이 컸기에 다시 갈 길을 잃는다. 그리고 앞으로 어떻게 살아가야 할지를 고민한다. 하지만 삶에 대한 욕구가 강한 그이기에 아마도 무인도 표류 전과 후의 모습이 절충된 삶을 선택해서 잘 살아가지 않을까 싶다. 그렇게 되기를 응원한다.

사람은 사회적 동물이라 의식주 해결만으로는 욕구를 채울 수 없다. 하여 사람과 사람 간의 소통, 나눔, 애정이 중요한 부분을 차지한다. 그럴 여건이 안 될 때는 척이 무인도에서 배구공 윌슨을 친구로 여기며 애지중지했던 것처럼 동물이나 식물, 사물에 애정을 쏟기도 한다. 우리는 부대끼더라도 더불어 살아가야 존재감을 느껴 안정된다. 그렇지만 애정보다 공격이 더 많다면 살아갈 이유가 사라질 수도 있기에 같은 사람끼리 공격보다는 애정을 더 많이 나누며 따뜻한 온기로 서로의 상처를 보듬으며 살아가면 좋겠다.

모가디슈

러시아가 우크라이나 침공에 나섰다. 우크라이나 국민은 처절하고 절박한 몸부림으로 격렬히 저항하고 있다. 전쟁이 커질까 우려하는 세계인의 이목이 우크라이나에 쏠리며 전쟁 반대 시위가 곳곳에서 일어나고 있다. 대한민국은 대통령 선거를 한 주 앞두고 엎치락뒤치락하는 지지율과 불꽃 튀는 유세전에 온 관심이 몰려있다. 코로나로 모든 것이 정상이 아닌 힘겨운 상황에 이런저런 대내외적 불안 요소들이 더해져 우리 국민의 정서는 불안정 상태에 놓였다. 그런데 여기에 미사일 발사라는 도발 행위로 불안감을 가중하는 북한의 행위까지 보도되고 있으니, 참으로 지긋지긋하다는 생각에 가슴이 답답해진다.

2021년 개봉하여 많은 관객에게 감동을 준 류승완 감독의 열한 번째 영화 『모가디슈』를 얼마 전에야 보게 됐다. 실화를 바탕으로 한 재난 탈출 기록 영화라, 인터넷 검색으로 사실관계를 확인해 가며 볼 만큼 관심도와 몰입도가 높았다. 저 상황에 나라면 어떤 선택을 했을까 고민하게 하는 갈등 요소와 공감대 형성에서 오는 감동이 남다른 영화다. 김윤석, 조인성, 허준호, 구교환, 김소진, 정만식 등 개성파 배우들의 연기가 마치 실제 인물로 느껴질 만큼 자연스럽게 살아있다. 영화를 보면 많은 생각을 하게 된다. 우리가 왜 이러고 있는지, 세상은 어떻게 돌아가는 건지, 이념이 뭐고 권력은 또 무엇인지 등.

모가디슈는 아프리카 대륙에 있는 소말리아의 수도로, 영화의 시대적 배경이 되는 1991년에는 내전이 일어나 고립상태가 된다. UN 가입에 필요한 표를 얻으러 1987년 소말리아에 파견된 후 이제 고국으로 돌아갈 날만 기다리던 한국 대사관 직원들에게 엄청난 위기가 닥친 것이다. 이때 북한 대사관 일행이 한국 대사관으로 피신와서 구조를 요청한다. 거절해도 무방한 상황이지만 한국 대사관은 모른 척할 수 없어 문을 열어준다. 그리고 위험한 동거를 시작하며 탈출을 위한 공조를 시작한다. 우여곡절 끝에 이탈리아 대사관의 도움으로 남북 대사관 일행은 탈출에 성공한다. 그리고 다시 무심하게 제 갈 길을 간다.

머나먼 타국에서 만난 남한과 북한의 대사관 식구들. 한민족이지만 다른 이념으로 갈라져 남보다 못한 적대적 관계를 이어가고 있는 유일한 한글 공유 핏줄. 그들의 경계 장벽은 죽음의 공포 앞에서 허물어지고 생존 본능에 충실하면서 인간애, 동료애가 싹튼다. 하지만 다시 모르는 척 외면하며 제 갈 길 가야 하는 결말이 애달

프다. 물론, 영화의 극적 긴장감을 더하기 위해 사실이라는 뼈대 위에 다소 과장된 부분이나 허구도 덧대어졌겠지만, 서로 대립 관계에 있던 남북 대사관 식구들이 한곳에 모였다는 특수한 사실적 상황이 긴장되고, 갈등과 화해를 반복하며 이념의 벽을 넘어 하나가 되어가는 과정이 눈물겹다.

영화 『모가디슈』의 박진감 넘치는 액션 장면 중 네 대의 차에 책과 모래주머니를 빈틈없이 붙이고 이탈리아 대사관으로 질주하는 장면은 과히 독창적 명장면이다. 하지만, 실제 상황이라 생각하면 아찔해진다. 그때의 모가디슈에서처럼 지금의 우크라이나에서도 이렇게 탈출하려는 차량이 많을 것이다. 갈등이 없으면 극 구성이 안 된다. 극은 현실의 모방이다. 그러기에 현실에서도 다양한 갈등이 존재하기 마련이다. 극에서는 위기가 클수록 그것을 해결한 후의 결말에 더 큰 안도와 감동을 얻게 된다. 지금 우크라이나의 위기도 잘 해결되길 바란다. 전쟁 반대 시위가 세계 곳곳에서 일어나고 있으니 희망을 품어 본다.

총만 안 들었을 뿐 우리나라도 선거를 앞두고 자기 당원끼리, 또 여당과 야당 간에 피 터지는 전쟁을 치르고 있다. 오직 승리를 위해 물불을 가리지 않는다. 지역을 나누고 남녀를 나누고 세대를 나눠 적대 감정을 부추긴다. 상대의 비리와 허물 드러내기에 혈안이다. 누가 더 많이 퍼주나 내기라도 하듯 선심성 공약도 난무한다. 기하급수적으로 늘어나는 코로나 확진자 관리는 포기한 채 오직 3

월 9일의 승리를 위해 직진할 뿐이다. 어떤 결말이 이 막막한 갈등을 매듭지을지 궁금하다. 지금으로서는 자신의 명예와 권력을 위해서가 아니라 한반도의 평화와 국민의 생활 안정을 위해 일할 대통령이 선출되길 바랄 뿐이다.

머나먼 남의 나라에서 일어나는 싸움도 우리에게 미치는 영향이 큰데, 언제 터질지 모를 한반도의 냉전 상태를 우습게 여겨 방심하면 안 되겠다. 우리는 폭탄을 옆에 두고 평화라고 부르며 지내는 일에 익숙해져 있다. 정권 유지와 심판의 격렬한 대립 상황에서 아무리 승리가 급선무라 하더라도, 평화가 깨지는 일을 허용해서는 안 된다. 다음 주면 누군가 대통령이 될 것이다. 그가 한반도의 평화와 국민의 생활 안정에 최선을 다해주길 바란다. 나라가 있어야 국민도 있고 국민이 있어야 정권도 있는 것이기에.

* 원작소설 : 『탈출』 - 강신성
* 참고소설 : 『고도를 찾아서』 - 강신성

고산자

요즘 들어 영화나 드라마를 봐도 별 감흥이 없고 그저 그렇다. 세상사에 익숙해져 감성이 무뎌졌거나 작품들에 울림이 없어서일 것이다. 그런데, 얼마 전 우연히 영화 다시 보기에서 『고산자, 대동여지도』를 보며 가슴이 뛰었다. 갱년기 혈액순환 장애로 그런가 했는데 꽉 막힌 답답함이 아니라 뭔가 샘솟는 느낌인 걸 보면 그건 아닌 거 같다.

고산자는 우리가 잘 아는 조선 후기 지도학자 김정호의 호다. 대동여지도는 김정호가 조선 방방곡곡을 조사하여 그린 정확도가 뛰어나 세계적으로 인정받는 우리나라 지도다. 기록에는 없는 김정호의 지독한 지도 사랑을 유추하여 만든 영화는 2016년 추석 즈음 개봉했다. 시기가 시기였던 만큼 '순실'이라는 딸아이 이름 때문인지 대흥행은 놓쳤지만 내겐 그 어떤 흥행 영화보다 울림과 여운을 주어 별 다섯 개를 달아주고 싶다.

끌리는 데는 그만한 이유가 있다. 알고 보니 소설가 박범신의 장편소설 『고산자』가 원작이다. 그러면 그렇지, 이렇게 실제라고 해도 믿을 만큼 탄탄한 이야기와 국어사전을 가져다 놓은 듯 낯설지만 구수한 옛 언어들을 아무나 요리해낼 수는 없다. 곳곳에서 느껴지던 꿀 대사, 장면, 배경들이 대작가의 밑그림이라 생각하니 원작을 찾아 읽지 않을 수 없다. 그것이 강우석 감독의 첫 사극 연출을 실패하지 않게 만든 이유이기도 하겠다.

어린 정호는 잘못 그려진 지도 한 장 때문에 산길에서 비명횡사한 아버지와 일행을 보고 충격을 받는다. 그래서 어설픈 지도로 가난한 백성이 더는 죽어 나가지 않도록 정확한 지리를 조사하여 지도를 만들어야겠다는 사명감과 그 지도를 가난한 백성에게 무상으로 나눠줘야겠다는 목적을 갖는다. 그로 인해 일상적인 편안한 삶을 포기하고 평생을 지도 만드는 일에만 열중한다. 이것은 스스로 좋아서 하는 일이어야 가능하다.

주변인들로부터 지도에 미친 놈이라는 말을 듣던 김정호는 돈도 안 되고 힘들기만 한 지도 만드는 일에 왜 그리 미쳐있냐는 청년 조각장이 바우의 물음에 "가슴이 뛰어서"라고 거듭 답한다. 그리고 "숨을 쉬는 동안에는 지도 만드는 일을 절대 중단하지 않겠다"고 힘주어 말한다. 얼마나 멋진가! 매 순간 살아있음을 느끼게 하는 가슴 뛰는 일을 찾았으니. 어떤 난관에 부딪혀도 포기하지 않고 끝까지 해내겠다는 불굴의 의지도 삶의 의미에서 생겨났으리라.

그의 지도와 백성에 대한 이유 있는 미친 사랑은 그 어떤 무소불위의 권력도 막아서지 못한다. “길 위에는 신분도 없고 귀천도 없다. 다만 길을 가는 자만이 있을 뿐이다” 가슴 울리는 대사다. 조선 최고의 권력자가 된 흥선대원군이나 나는 새도 떨어뜨린다는 60년 권문세도가 안동 김씨의 문중도 뺏어갈 수 없었던 백성을 위한 대동여지도 목판본. 현존하는 목판은 실제 목판 60매 중 12매뿐이지만 그나마 우여곡절 많은 우리나라에서 살아남아 준 것만으로도 감사한 일이다.

고산자 김정호의 실제 삶은 기록이 별로 없다. 그래서 이런저런 이야기들이 많다. 논란도 많다. 하지만 가로 4m X 세로 7m인 현존하는 대동여지도의 웅장한 크기만 보더라도 그의 지도에 대한 대단한 사랑, 관심, 노력, 집념, 희생을 미루어 짐작할 수 있다. 그는 최고의 지리학자이자 지도학자, 목판화장이로 진정한 예술가였던 것이다. 그의 가슴 뛰는 지도 사랑이 자랑스럽고 감사하고 부럽다. 김정호를 환생시켜 감동을 주는 작가와 감독에도 감사할 일이다.

우리도 가슴 뛰게 하는 어떤 일을 만난다면 김정호처럼 자신과 세상을 내려놓고 그 일에만 매진할 수 있을까? 가슴 뜨겁게 하는 일을 만나기도 쉽지 않겠지만 운 좋게 만난다고 하더라도 먹고사는 문제, 입신양명의 문제 등으로 대다수는 적당히 세상과 타협하려 할 것이다. 그래서 가난과 고독 속에서도 한 가지 일, 지도 만들기에만 몰두했던 김정호의 삶이 더 가치 있고, 그의 작품 대동여지도는 세계에서도 인정받는 보물이 된 것이다.

고산자를 영화나 소설로 만나게 되면 한동안 고산자 가슴앓이를 하게 될 것이다. 아무도 알아주지 않지만 꼭 해야만 하는 일에 열정을 쏟는 그의 모습은 아름답고 섹시하니까. 그래서 시대를 넘어 그의 가난과 고독을 어루만져주고 싶어질 것이고, 그의 뜨거운 가슴과 영혼을 사랑하게 될 것이다. 멋진 차승원의 영상이 더욱 그런 쪽으로 이끄는지는 모르겠지만. 그리고 고산자를 닮아 무에서 유를 만들어내는 박범신 작가처럼, 강우석 감독처럼 목적이 이끄는 삶을 살고 싶어질 것이다.

<나오며>

책 읽는 가로등

얼마 전 길을 나서다가 아파트 공원 벤치에 앉아 책을 읽고 있는 한 여성이 눈에 띄어 유심히 바라보았다. 급한 볼일이라 서둘러야 하는데도 오래간만에 보는 인상적인 모습에 그녀 앞을 지나가는 시간만큼은 천천히 걸었다. 내용은 알 수 없으나 꽤 두꺼운 분량의 책을 들고 있는 화장기 없는 평상복 차림의 그녀에게서 뭔가 특별함이 느껴졌다. 시선이 따가웠는지 그녀가 고개를 드는 바람에 넋 놓고 바라보다가 잠시 눈이 마주쳤다.

벤치와 책! 조화롭고 정겹다. 예전에는 곳곳의 흔한 풍경이었는데 요즘은 찾아보기 힘들어졌다. 휴대폰이 그 자리를 차지하면서부터 책 읽는 사람들은 도서관이나 서점에 가야 볼 수 있다. 휴대폰에도 책이 저장되어 꺼내 읽을 수도 있겠지만 종이책을 읽는 모습과는 느낌이 사뭇 다르다. 그래서 오래간만에 보는, 벤치에 앉아 종이책을 읽는 분위기 있는 한 여성에게 잠시 마음이 빼앗겼던 것이다.

책을 많이 읽는 사람은 생각이 깊고 넓어 여유가 있다. 정보의 홍수로 얻는 다양하지만 얕은 지식층에서 보이는 조급함이나 얍삽함이 없다. 책을 많이 읽는 사람과 대화를 나누면 그들의 풍요롭고 풍성한 영성이 전해져 뇌가 정화되는 느낌을 받는다. 필자는 독서토론과 함께 필사, 독후감, 서평, 창작 등의 글쓰기 강의를 하며 칼럼도 쓰고 있지만, 여전히 조급하고 얍삽한 모습을 지니고 있다. 그만큼 독서량이 부족하다는 증거다.

조금 늦더라도 책을 통해 마음의 양식을 차곡차곡 쌓아야 흔들림 없이 알차고 단단한 곳간이 됨을 알면서도, 늘 바쁘다는 핑계로 급행 SNS의 막무가내 정보에 그때그때 기대곤 한다. 필자뿐 아니라 현대인의 대체적인 모습일 것이다. 아는 것은 많은데 체계가 없어 잡다한 생각들이 머리를 복잡하게 만든다. 정보를 얻지 못하면 불안하고 대화 중에 끼지 못하면 머리가 아프다. 항상 무언가에 쫓기는 기분이다. 요란한 빈 수레 같다.

그래도 주변에 독서 모임을 결성하거나 찾아다니며 꾸준히 책을 나누려고 노력하는 이들이 많아 다행이고 더불어 행복하다. 필자가 지도하는 서평단의 회원들도 매주 서평을 써온다. 책 한 권에 대한 서평을 쓰려면 적어도 두 번 이상은 정독해야 한다. 어떤 이는 다른 책과 비교하기 위해 서너 권의 책을 읽기도 한다. 책을 읽고 글을 쓰는 과정은 생각보다 힘들다. 그래서 포기하는 이들도 많다. 하지만 그 고비만 넘기면 꿀맛 같은 달콤함을 느낄 수 있다.

도서관의 다양한 독서프로그램, 지역 서점에서 운영하는 독서포럼, 문학 단체의 글쓰기 스터디 등 찾아보면 돈 들이지 않고도 마음의 양식을 얻을 곳이 많다. 바쁜 현대사회에서 여유를 갖고 싶다면, 불안한 경쟁사회에서 마음의 안정을 얻고 싶다면, 잡생각들로 가득한 머릿속을 정리하고 싶다면 책 읽기를 권한다. 인내심이 없어 혼자 지속하기 힘들다면 함께 하는 프로그램을 찾아보기 바란다. 서로 독려하며 꾸준히 책을 읽다 보면 얼마 후 변해있는 자신의 모습을 보게 될 것이다.

실제로 수년째 꾸준히 서평단으로 활동하며 매주 책을 읽고 글을 써오는 단원 중에는 현재 신문에 서평을 기고하거나 도서관에 자신만의 서평 코너가 생기거나 각종 대회에서 수상하는 영예를 얻고 있어, 달라진 삶에 스스로 놀라며 행복한 고백을 해오고 있다. 노력에 대한 성과다. 문학아카데미를 통해 글쓰기를 처음 접한 이들 중에도 자신의 꾸준한 노력과 주변의 도움으로 문학지에 등단하고 신춘문예에 당선하여 작가로 활동하는 이들도 있다.

이런 사례는 곳곳에 많다. 조금만 관심을 돌리면 우리의 삶이 바뀔 수 있다. 그 모든 것에 우선은 책 읽기다. 예전처럼 공원 곳곳의 벤치에 앉아 책 읽는 이들의 아름다운 모습을 자주 볼 수 있으면 좋겠다. 시각적으로 책 읽는 시민들의 모습이 밤낮 보이면 더 좋지 않겠냐며 필자에게 관공서에 가서 건의를 좀 해달라고 하던 한 선생님의 말씀이 생각난다. 꼭 보이기 위해서라기보다는 그런 공간이

공원이나 정거장 등 곳곳에 있으면 자연히 책을 읽지 않겠냐는 의견이다. 책이 있는 벤치와 그 옆의 가로등. 생각만 해도 멋지다. 누군가 관공서까지 가기 전에 '누구나 어디서나 책 읽는 도시'라는 그분의 고견이 실현되길 바란다.

신현미 에세이서평집

책 읽는 가로등

초판발행일 2022년 10월 15일

지은이 : 신현미
발행인 : 김순진
편집장 : 전하라
디자인 : 김초롱
펴낸곳 : 도서출판 문학공원
등　록 : 2004년 3월 9일 제6-706호
주　소 : 우편번호 03382 서울 은평구 통일로 633
　　　　녹번오피스텔 501호 스토리문학사
전　화 : 02-2234-1666
팩　스 : 02-2236-1666
홈페이지 : http://www.munhakpark.com/
이메일 : 4615562@hanmail.net

ISBN: 978-89-6577-439-6(03810)

"이 책은 안산시의 문예기금과 한국예술인복지재단의 창작기금으로 발간되었습니다."